불교신행의 주춧돌

불교신행의 주춧돌

우룡스님 법어집

효림

서 문

부처님께서는 "첫출발이 바르지 못하면 바른 결과를 기대할 수 없다"고 하셨습니다.

또 열두 보살이 부처님께 불교신행의 마음가짐과 수행법에 대해 질문한 『원각경』은 과거의 모든 부처님께서 '발심하였을 때 처음으로 행한 법이 무엇인가'를 밝히는 것으로 시작을 삼고 있습니다.

이렇듯 모든 것은 기초가 가장 중요합니다. 특히 신앙생활을 한다거나 종교를 가진 사람들 가운데, 처음의 실천이 잘못되어 엉뚱한 길을 걷다가 돌이킬 수 없는 결과를 초래하는 경우를 종종 볼 수가 있어, 더욱더욱 기초라는 것이 얼마나 중요한가를 일상에서 느끼고 바라보고 생각하며 살고 있습니다.

실로 살아온 시간이 많았던 분일수록, 삶의 흐름이나

일상생활의 실천에 있어 처음이 얼마나 중요한가를 시간이 지날수록 뼈저리게 느끼고 사는 분이 많습니다.

오래전에 만났던 모 교회의 목사님은 일제강점기 때 기독교를 믿지 못하게 하는 것을 피해 금강산 깊은 산속으로 들어갔습니다. 그곳에서 생식과 단식을 하며 기도하여 병을 잘 치료할 수 있는 힘을 얻은 그분은, 해방이 되자 교회를 맡아 주로 병을 낫게 해주면서 기적과 영험으로 이름을 떨치며 살았습니다.

그런데 나이가 들게 되자 자기의 생각과 실천이 잘못되었다고 후회를 했습니다.

"내 곁의 사람들은 기독교를 올바른 종교로 믿거나 인생과 삶의 지침으로 삼는 것이 아니라, 기적의 종교, 병을 고치는 종교로 생각하고 있습니다. 나와 내 곁에 모인 사람들의 믿음과 실천은 첫출발부터 근본적으로 잘못되어 있습니다."

이렇듯 신행의 주춧돌을 잘못 놓고 순간적으로 생각을 잘못하여, 엉뚱한 방향으로 흘러가고 그릇된 결과를 맺게 되는 예는 너무나 많습니다.

우리 불자들 가운데에도 불교를 신통이나 도술을 부리는 종교로 생각하여, 신통이나 도술 쪽에 뜻을 두고 기도를 하거나 정진을 하면서 엉뚱하게 가는 이들이 많습니다.

이러한 이들을 옛 어른들께서, "한 사람의 장님이 수십 명의 장님을 불구덩이로 끌고 가는 격이다"라고 꾸지람을 하신 까닭도, 신행의 주춧돌이 잘못 놓이면 얼마나 큰일을 저지르게 되는지를 깨우치고자 한 것입니다.

다시 한번 스스로를 돌아보십시오. 나는 불교신행의 주춧돌을 어떻게 놓고 있는지를? 불교에 대한 믿음과 나의 실천, 내 가족에 대한 생각과 실천 등이 지금 어느 쪽으로 어떻게 진행되고 있는지를?

이 산승은 우리 불자들이 처음의 기초부터 다시 한번 점검하여, 뒷날 착오와 후회가 없는 생활이 되도록 거듭 거듭 부탁을 드리고자 이 책을 발간하였습니다.

석가모니부처님 때로부터 오늘에 이르기까지 많고 많은 성현聖賢들께서 해주신 말씀, 남기신 글과 가르침이 많은데, 여기에 또 덩달아 필요없는 말을 글로 만들어 머리를 복잡하게 하고 머리를 어지럽게 하는 일이, 커다란 허물을 다시 만드는 일이라는 것은 모르는 바가 아닙니다.

하지만 저는 걱정하지 않습니다. 오히려 저의 이 허물을 여러분이 어떻게 해결하여 저를 구해주실지가 궁금합니다.

부디 토끼의 머리에 뿔이 나고 거북의 등에 털이 나고 귀신 방귀에 털이 나거든, 우룡을 찾아와서 막대로 쳐주시기 바랍니다.

책머리에 너무 지저분한 이야기가 되었습니다.

경주 남산의 한구석에서
雨龍 씀

증보개정판을 내면서

『불교신행의 주춧돌』.

이 책은 우룡큰스님의 첫 책으로, 꼭 20년 전인 1998년에 발간하였고, 20년이 지난 오늘까지 35쇄를 찍었습니다. 그야말로 불교계에서는 유명 스테디셀러 중 하나였습니다.

그러나 세월의 흐름 따라 불자들의 수준도 많이 바뀌었고, 이 책도 제행무상을 따르는 듯한 부분이 없지 않았습니다. 그래서 우룡큰스님께 청하여 일부의 글들은 과감히 삭제하고, 삼분의 일 이상을 불자들이 나아가야 할 바른길과 극복해야 할 사항들에 대한 새로운 글들로 채워, 2018년과 2019년 월간 「법공양」에 연재한 다음, 증보개정판으로 발간하게 되었습니다.

저로서는 향기로운 옛 책이 이렇게 보완되어 새롭게 태어난다는 것이 너무나 기쁘고 감사하기 그지없습니다. 그리고 앞으로도 이 책이 개정판으로 거듭거듭 태어나야 한다고 생각합니다. 왜냐하면 한순간만 우리를 감동시키는 책이 아니라, 두고두고 깨달음과 기쁨과 행복을 주는 책으로 계속 남기를 바라기 때문입니다.

부디 우리 불자님들께서 이 책을 읽고 또 읽어 불교신행, 곧 불교에 대한 올바른 믿음〔信〕과 올바른 이해〔解〕와 올바른 실천〔行〕과 올바른 증득〔證〕의 주춧돌을 굳건하게 놓게 되기를 바라 마지않습니다.

모두가 불성 주춧돌을 굳건하게 놓고 바르게 수행하여, 부처님의 깨달음을 이루시기를 두 손 모아 축원 드립니다.

불기 2563년 기해년
새로 엮은이 김현준 拜

차 례

차 례

차 례

차 례

차 례

I

행복 주춧돌

행복의 성취를 위해

행복이란

모든 사람은 행복을 논합니다. 바라는 바를 모두 갖추어 조금도 부족함이 없는 상태에서 살기를 원합니다. 나쁜 것이 없는, 아름답고 거룩하고 깨끗한 세계에서 살기를 원합니다. 바로 이 순간에 극락과 같은 세계에서 살고 극락에서와 같은 행복을 누리며 살기를 원합니다.

하지만 대부분의 사람들은 행복을 원하기만 할 뿐 행복을 담는 노력을 하지 않고 있습니다. 아니, 노력은 하지만 엉뚱한 곳에서 행복을 찾고 엉뚱한 노력을 하고 있을 뿐입니다.

왜 엉뚱하다고 하는가? 행복은 밖에서 구해지는 것이 아니며, 나의 감정이나 나의 욕심으로 이루어 낼 수 있는 것이 아니기 때문입니다.

🌸

중국 춘추시대에 사셨던 공자님의 제자 중 자로子路(B.C. 542~481)라는 분이 있었습니다. 자로는 머리가 영리하고 용맹도 있었지만, 집안이 매우 가난했습니다.

효성이 지극하였던 자로는 공자님께 공부를 배우러 다니면서 다른 사람의 채소밭에 남아 있는 채소 찌꺼기를 주워다가 부모님께 죽을 끓여 드리며 살았습니다. 어느 날 자로는 공자님께 하소연을 하였습니다.

"이렇듯 가난하니 공부를 그만두고 돈을 벌었으면 합니다."

공자님은 자로를 달랬습니다.

"아니다, 자로야. 그 속에 진짜 행복이 있다. 절대로 행복은 돈이나 이름이나 물질 속에 있는 것이 아니다."

그 얼마 뒤 자로의 부모님은 돌아가셨고, 공부를 마친 자로는 위나라의 높은 벼슬에 올라 봉급을 많이 받게 되었습니다. 명예와 권력과 부富를 함께 누리게 된 자로. 하지만 자로는 회고했습니다.

"나에게 가장 행복했던 시절은 지난날 부모님을 위해 수확을 끝낸 채소밭에서 반쯤 썩은 채소를 주워다가 죽을 끓여 드렸던 때였도다."

§

비록 가난한 시절이었지만, 자로가 가장 순수한 마음으로 정성을 다해 부모님을 모신 그 속에, 부모님이 아들의 정성이 담긴 채소죽을 맛있게 받아 잡수신 그 속에 참된 행복이 깃들어 있었던 것입니다.

어찌 이 같은 행복을 돈으로 살 수 있겠습니까? 어찌 권력으로 취할 수 있겠습니까?

정녕 우리가 극락세계에서 누릴 수 있는 아름답고 거룩하고 순수한 행복을 지금 누리고자 한다면, 지금 나의 마음이 순수해야 하고 거룩해야 하며, 실천이 아름다워야 합니다.

그런데도 우리는 정반대로 나아갑니다. 진정으로 행복을 바라면서도, 걸핏하면 짜증이요 걸핏하면 신경질이요 걸핏하면 소리를 질러 댑니다. 왜 짜증을 부리고 소리를 지르고 남을 미워합니까?

오로지 '나'의 욕심 때문입니다. 욕심 때문에 그릇된 생각과 말과 행동을 하여, 불행 속으로 스스로 빠져듭니다. 밖으로부터 얻고자 하는 욕심으로는 참된 행복을 얻을 수가 없습니다. 그 행복은 '잠깐'의 머무름일 뿐입니다.

그래서 부처님께서는 말씀하셨습니다.

무릇 모양 있는 것은 　凡所有相
다 허망하도다 　　　皆是虚妄

행복은 마음과 마음이 통하는 속에 있는 것이지 겉모습에 있는 것이 아닙니다. 그런데 대부분의 사람들은 허망한 겉모습에 취하고 허망한 겉모습으로 가치를 따지려 합니다.

하지만 허망한 겉모습에 집착하면 행복이 찾아들지

않습니다. 물질에 집착하고 사람들을 자기 마음대로 하고자 하는 동안에는 절대로 행복이 찾아들지 않습니다. 허망 속에서 또다시 허망을 취하려 하는데 어찌 행복이 찾아들겠습니까?

무릇 상相이 있는 것이 허망한 줄을 알아야 합니다. 물질과 사람 관계가 허망한 줄 알아야 집착을 떠난 순수한 마음을 갖게 되고, 순수하면 행복이 스스로 찾아듭니다.

이 세상에서 믿을 것이 무엇이건대 자꾸만 잡으려 합니까? 왜 허망한 것을 애써 취하려 합니까?

돈을 붙들고 권력을 붙들고 명예를 붙들고 남편을 붙들고 아내를 붙들고 자식을 붙들고…. 그것도 모자라 나중에는 죽은 다음에 받아먹겠다며 제사를 붙들기까지 합니다.

하지만 마음과 마음이 통하지 않는 사람 관계나 물질에 대한 애착은 의심과 고통과 비애만을 남겨줍니다. 그야말로 '범소유상凡所有相은 개시허망皆是虛妄일 뿐'입니다.

중국 당나라 때 이정李靖이라는 대장군이 있었습니다. 그는 본부인이 죽자 곧바로 둘째부인을 맞이했습니다.

성질이 고약하였던 둘째부인은 집안 살림살이와 식솔들을 손아귀에 넣어 마음대로 주물렀습니다. 그런데 본부인의 몸에서 태어난 대장군의 맏아들만은 그녀의 뜻대로 되지 않았습니다.

그렇다고 하여 맏아들이 새어머니를 무시하는 것은 아니었습니다. 오직 바른말을 잘할 뿐, 오히려 예의는 누구보다도 깍듯이 차리고 어머님 대접도 잘했습니다. 하지만 자신의 손아귀에 놀지 않는 맏아들이 눈엣가시처럼 느껴졌을 뿐 아니라, 두렵기까지 하였습니다.

'저놈만 없어지면 집안이 모두 나의 뜻대로 돌아갈 텐데…. 저놈을 어떻게 하든 없애 버려야지.'

이렇게 작정한 둘째부인은 그날부터 남편인 장군에게 맏아들의 허물을 꾸며 대어 이야기하기 시작했습니다. 그러나 아들을 믿고 있었던 장군은 한마디로 일축했습니다.

"그 아이는 그렇게 할 사람이 아니오."

장군이 사사건건 믿어주지 않자 둘째부인은 눈물을 흘리며 참으로 못할 거짓말까지 했습니다.

"당신이 없을 때면 맏이가 나를 겁탈하려고 해요. 당신하고 살면서 아들에게까지 몸을 맡길 수는 없으니…. 저는 나가겠어요."

장군의 표정이 흔들리자 둘째부인은 더욱 흐느끼며 말했습니다.

"정녕 저의 말을 믿지 못하겠으면 증거를 보여 드리리다. 내일 출근하는 척하고 집을 나가 건너편의 동산에 앉아 있어 보세요."

이튿날 장군이 집을 나가 동산에 숨자, 둘째부인이 맏아들을 방으로 불러들여 부탁을 했습니다.

"내 치마 속에 벌이 들어갔구나. 빨리 좀 잡아다오."

"그럴 수는 없습니다. 아무리 어머니지만, 어떻게 치마 속에 손을 넣습니까? 벌이 들어갔으면 빨리 치마를 벗어 던져주십시오. 제가 벌을 잡겠습니다."

하지만 둘째부인은 계속 재촉했습니다.

"빨리 내 치마 속으로 손을 넣어 벌을 잡아라!"

"그럴 수는 없습니다."

잠깐 동안 실랑이를 벌이다가 둘째부인은 버럭 소리를 질렀습니다.

"너는 내가 이 집에 들어와서 사는 것이 못마땅하기 짝이 없지? 그래서 기회만 있으면 쫓아내고 싶은게지?"

"어머니, 너무 지나친 말씀이십니다. 그런 생각은 추호도 해 본 일이 없습니다. 지금도 어머니로 잘 모시고 있지 않습니까?"

"지금 나의 말을 듣지 않는 네 태도가 바로 나를 못마땅하게 여기는 표시가 아니고 무엇이냐?"

끝까지 몰아붙이는 둘째부인 앞에서 아들은 하는 수가 없었습니다.

"어머니께서 그렇게 꾸중하시니 어쩔 수 없군요."

그리고는 둘째부인의 치마 속으로 손을 넣었습니다. 그러자 몰래 숨어서 지켜보던 아버지가 집으로 돌아와 아들을 단칼에 죽였습니다.

8

둘째부인의 이간질과 음모에 속아 그토록 믿던 자식을 의심하고 죽인 아버지. 이 세상에서 영원히, 그리고 참으로 믿을 것은 무엇일까요?

참으로 믿을 것은 허망한 소유所有의 상相이 아니라, 허망하지 않은 무소유無所有의 어떤 상相입니다. 겉으로 나타나고 겉으로 맺어진 그 어떤 것이 아니라, 언제나 '나'와 함께하는 '그 어떤 것'이야말로 참으로 믿을 것입니다.

참으로 믿을 것

참으로 믿을 것은 무상한 물질도 아니요, 인연 따라 만났다가 헤어지는 사람도 아닙니다. 수시로 일어났다가 사라지는 나의 생각이나 자존심도 아닙니다.

참으로 믿을 것은 바깥에 있는 물질이나 사람, 안에서 일어나는 번뇌들을 모두 벗어 버리고 한결같이 있는, 언제나 나와 함께하는 '그 어떤 것'입니다.

이에 대해 부처님께서 들려주신 비유담이 있습니다.

❁

옛날 어느 고을의 나이 20세 된 사내가 이웃 마을의 처녀를 아내로 맞이하였습니다. 아내가 곱게 생기지 않아 정이 가지는 않았지만, 워낙 가난한 집안인지라 가릴 처지가 아니었습니다.

남편은 아내와 함께 부지런히 일을 하며 세월을 보내었고, 10년이 지나자 어느 정도 재물이 모였습니다.

그때서야 남녀 간의 달콤한 관계를 그리워하게 된 남편은 인물이 괜찮은 규수를 얻어 둘째부인으로 삼았습니다. 그날부터 뒤채로 물러난 본부인은 온갖 구박을 받으면서도, 묵묵히 집안 구석구석의 일을 꾸려 나갔습니다.

또 10여 년의 세월이 흘렀습니다. 그동안 더욱 부자가 된 남편은 기생집 출입을 시작하였고, 그곳에서 갖은 아양을 다 떠는 기생을 데려다가 셋째부인으로 삼았습니다. 그날부터 둘째부인 역시 뒷전이 되고 말았습니다.

몇 년이 지나자 셋째부인도 싫증이 났고, 딸 같이 젊고 아리따운 처녀를 데리고 살았으면 하는 욕심이 동했습니다. 그는 많은 돈을 지불하고 고을 최고의 미녀를 넷째부인으로 맞이하였는데, 그녀와의 나날이 그렇게 즐거울 수가 없었습니다.

하지만 젊은 여인과 함께하다 보니 체력이 달려 견뎌 낼 수가 없었고, 마침내 병이 나서 몸져눕게 되었습니다.

'부자에다 마음에 드는 여자까지 얻어 즐겁게 살고 있는데 죽어야 하다니….'

그는 억울했습니다. 그리고 무엇보다 혼자 염라대왕 앞으로 가는 것이 두려웠습니다. 그래서 눈에 넣어도 아프지 않을 듯한 넷째부인에게 '함께 가자'고 했습니다. 그러나 넷째는 쌀쌀맞게 대답했습니다.

"영감님, 그런 말씀 마시와요. 사실 당신이 나를 사랑했지, 제가 당신을 사랑한 줄 아세요? 제가 진정으로 사랑한 것은 영감님의 재산입니다. 이제부터는 나도 행복하게 살고 싶으니 당신 혼자 가세요. 나는 못 따라갑니다."

넷째부인이 괘씸하기 짝이 없었지만 조금도 틀린 말은 아니었습니다. 그는 다시 셋째부인을 불렀습니다.

"셋째야, 너라면 저승길을 함께 가 줄 수 있겠지."

"함께 가자고요? 넷째가 들어온 후 제 속이 얼마나 썩었는지 아십니까? 그것을 생각하면⋯. 그렇지만 그동안 당신 신세를 많이 졌으니 산소 앞이나 화장막 앞까지만 따라갈게요. 그 이상은 안 됩니다."

실망한 그는 둘째부인을 불렀습니다.

"둘째야, 셋째와 넷째는 나와 함께 가지 않겠다는구나. 너라도 같이 가자."

"할 수 없지요. 죽으나 사나 당신에게 매인 몸이니⋯. 함께 가고 싶은 마음은 털끝만큼도 없지만 땅속이나 불속에는 함께 가리다. 그렇지만 염라대왕 앞에는 혼자 가구려."

마지막으로 노인이 본부인을 불러 자초지종을 말하자 본부인은 담담한 표정으로 입을 열었습니다.

"나는 살아도 당신 집안 사람이요 죽어도 당신 집안 귀신입니다. 당신이 죽으면 이 몸은 살아 있은들 죽은 몸이나 다를 바 없습니다. 당신이 가자시면 천리고 만리고 염라대왕 앞이고 무조건 따라갈 것입니다. 걱정 마세요."

본부인의 끝없는 사랑에 감격한 노인은 눈물을 글썽이며 말했습니다.

"여보, 고맙소. 역시 당신뿐이구려."

ξ

부처님께서는 『사처경四妻經』에서 이와 같은 이야기를 설하시고, 네 종류의 부인을 무엇에 비유한 것인지를 일러주셨습니다.

넷째부인은 돈입니다.

세상 사람들이 밤잠을 줄여 가면서까지 벌고자 하는 돈은 필요불가결한 것이기는 하지만, 진정한 반려자는 될 수 없습니다. 가지면 가질수록 더 갖고 싶은 것이 돈입니다.

돈만이 아닙니다. 음식·명예·권력·애욕 또한 마찬가지입니다. 그들은 떠날 때 그냥 떠나지 않습니다. 사람까지 상하게 하고 떠납니다. 어떻게 넷째부인에게서 참된 행복을 구할 수 있겠습니까?

셋째부인은 가족을 가리킵니다.

우리는 부모·남편·아내·아들딸들에게 많은 기대를 갖습니다. 그러나 냉정히 이야기하면 가족이란 깊은 업(業)으로 맺어진 관계입니다. 그러므로 가족에 대한 도리는 다하되, 지나친 기대나 집착을 가져서는 안 됩니다. '나의 가족이 나에게 순종하고 출세하고 잘살아야 행복하다'는 착각을 일으켜서는 안 됩니다.

오히려 진실한 행복은 희생 속에 있습니다. 오직 내가 베풀 수 있는 사랑, 서로를 살리는 사랑을 나누면서 최선을 다하십시오. 그렇게 하면 모든 매듭이 풀어지면서 행복의 문이 열립니다.

그렇다면 둘째부인은 무엇인가?

바로 나의 몸, 이 몸뚱이입니다. 이 몸뚱이는 아무리 잘 먹이고 잘 돌보아도 마침내는 사라집니다. 곧 언젠가는 명이 다하여 땅에 묻히게 됩니다. 그러므로 잘 유지할 수 있도록 적절히 위해줄 뿐, 지나치게 가꾸거나 애착을 가져서는 안 됩니다.

그리고 언제나 나와 함께하는 첫째부인은 우리의 마음자리입니다.

언제나 함께하는 마음자리. 그러나 우리는 이 마음자리를 괄시합니다. 돈과 가족과 몸뚱이를 돌보기에 급급하여 마음자리 따위는 아예 무시해 버립니다.

이렇게 진짜 '나'를 등지고 바깥으로만 향하면, 진정한 행복은 영원히 '나'의 것이 되지 않습니다.

정녕 행복해지고자 한다면 마음자리를 돌아보십시오. 이제까지 돈·가족·몸뚱이를 주인으로 삼아 노예처럼 살았으니, 어찌 자유가 있었겠으며 행복할 수 있었겠습니까?

우리의 마음자리는 너그럽습니다. 지금까지 무시했었을지라도 다시 돌아가면 기쁨으로 맞이합니다. 그러므로 참회하고 기도하고 참선하고 염불하고 경전을 읽고 쓰면서 마음자리를 가꾸어 가야 합니다.

그리고 일상생활의 순간순간을 '정성 誠'으로 살아가십시오. 부모님께, 부부끼리, 형제에게, 아들딸에게 그리고 사회에서 하는 일 모두를 정성껏 하다 보면 행복은 저절로 나와 하나가 되고, 나는 언제나 부처님 나라에서 살 수 있게 됩니다.

나를 돌아보라

다시 한번 많고 많은 삶의 방식 가운데, 과연 어떤 삶을 복된 삶인지를 돌아보십시오. 돈이 많아야 행복한 삶입니까? 이름이 높아야 행복한 삶입니까? 옆에 있는 사람들이 굽신굽신 절을 해야 행복한 삶입니까?

아니면 겉으로는 특별히 가진 것이 없어 주위 사람들로부터 대접을 받지 못하고 살지만, 자기 마음속에 꾸준히 무엇인가를 간직하고 누리는 기쁨 속에서 사는 이를 행복한 분이라고 해야 합니까?

판단은 각자가 능히 할 수 있을 것입니다. 스스로의 진실에 비추어 보면 알 수 있을 것입니다.

이제 스스로를 되돌아보십시오. 지금의 내가 어떻게 살아가고 있는지를…. 과연 행복하게 살고 있는지를….

우리는 세세생생世世生生토록 익힌 버릇 속에서 우리의 진심眞心, 우리의 참된 마음을 잃은 채 살아가고 있습니다. 언제나 망상과 욕심과 갈등 속에서 허우적거리며 업을 쌓고 쌓아, 지금 이 시간과 이 공간에까지

왔습니다.

하지만 우리는 무감각한 상태에 빠져 버리고 말았습니다. 무엇이 진정한 행복인지를 망각하고 있을 뿐 아니라, 앞날에 펼쳐지게 될 너무나 당연한 일까지도 망각하고 있습니다.

우리가 진정으로 행복한 삶을 이루고자 한다면 삶을 올바로 직시할 줄 알아야 합니다. 삶의 뿌리가 무엇이며, 삶의 뒤편에 무엇이 있는지를 알아야 합니다.

그것이 무엇인가? 삶의 뿌리는 바로 대우주에 가득 차 있는 생명력이고, 삶의 뒤편에는 죽음이 있습니다.

물론 삶의 뒤편에 죽음이 있다는 것을 모르는 이는 없을 것입니다. 하지만 주변의 죽음을 어떻게 받아들이고 있습니까?

이 글을 읽는 대부분의 사람들은 가까운 사람의 죽음을 경험했을 것입니다. 부모·형제·친척·스승·친구…. 그 영전 앞에서 분명히 눈물을 흘리고 슬퍼했을 것입니다. 그런데 슬피 울면서 느껴 보셨습니까? 나에게도 숨이 떨어질 날이 다가오고 있다는 것을.

'나도 죽는다. 그것이 한 달 후가 될지 일 년 후가 될지 십 년 후가 될지는 모르지만 분명히 나도 죽는다. 이 몸뚱이는 한 줌 흙이 되고, 나의 모든 것은 흩어지고 헛된 것이 된다.'

이러한 생각이 오롯이 있습니까?

젊은 친구의 죽음을 대하면 '청춘이 아깝다'며 슬피 울지만, 그 친구처럼 '나도 죽는다'는 것을 잘 느끼지 못하며 사는 것이 우리들의 모습입니다.

오래도록 감정에 휘말리고 욕망에 끌려가고 '나'만의 사랑에 빠져 무감각해진 상태, 무감각이 습관화된 업보중생業報衆生의 삶 속에서 하루하루를 살아가고 있는 것이 오늘날 우리들의 모습입니다.

다시 한번 늙음과 죽음을 진지하게 생각해 보십시오. 고려 말의 나옹스님께서는 이렇게 설하셨습니다.

세월이 사람을 채찍질하여 어서 늙어 없어지라 하네
그 속에서 기쁘다고 몇 번이나 하하호호 하였으며
그 속에서 슬프다고 몇 번이나 애고대고 하였더냐

흙 속의 백골 되면 천년 만년 지난날을 후회만 하네

나옹스님의 말씀이 무엇입니까? 아무리 돈이 많은들, 돈으로 늙음을 막고 죽음을 막을 수는 없습니다. 돈으로 극락을 살 수는 없습니다. '하하호호·애고대고'가 모두 후회로 남을 뿐입니다.

눈을 크게 뜨고 바른 삶의 길을 보아야 합니다. 무감각하고 습관화된 삶의 테두리에서 벗어나 행복의 길로 나아가야 합니다.

부처님을 생각해 보십시오. 그리고 부처님과 '나'를 비교해 보십시오. 부처님도 나와 꼭같은 사람이었습니다. 코 있고 눈 있고 배고프면 밥먹고 목마르면 물 마시고 고단하면 잠을 자는, 나와 꼭같은 사람이었습니다.

그런데도 부처님은 진리의 생활을 하셨고, 우리는 엉뚱한 길로 걸어가고 있습니다. 부처님의 아들딸인 불자들조차 그분의 가르침 속에서 살기보다는, 모습에 끌려가고 소리에 끌려가고 피부에 와닿는 감촉에 속으며 살고 있습니다.

결코 주위의 눈치를 보며 살지 마십시오. 옆 사람의 입방아를 걱정하지 마십시오. 진실은 스스로가 체험하는 것이고, 행복은 남이 가져다주는 것이 아닙니다. 자기가 맡은 일을 충실히 하고, 나의 생활에 정성껏 임하다 보면, 인생과 행복에 대한 대답은 저절로 나오게 됩니다.

부모든 형제든 자식이든, '나'를 필요로 하는 사람이 있으면 기꺼이 이바지할 뿐, 내가 그들에게 한 일의 가치를 따지지 마십시오. 가치를 따지면 섭섭함이 깃들고 엉뚱한 감정이 생겨나게 됩니다.

오직 정성껏 또 정성껏, 나와 내 주변에 이바지를 하다 보면, 모든 매듭이 다 풀려 고난이 사라지고, 행복이 저절로 찾아들어 이 세상 그대로가 부처님의 나라로 바뀌게 됩니다.

밖에서 행복을 찾지 말고, 언제나 함께하는 마음자리를 주춧돌로 삼아 성심으로 살아가는 것.

이것이 행복의 주춧돌이라는 것을 굳게 믿고 살아가면 행복의 세계가 눈앞에 활짝 펼쳐지게 됩니다.

극락 같은 삶을 이루려면

바라밀은 매일 향상하는 삶

그럼 누구나가 원하는 복되고 평화롭고 지혜로운 삶을 이루고자 하면 어떻게 해야 하는가?

바라밀波羅蜜을 생활화하면 됩니다.

바라밀을 실천하면 됩니다.

바라밀을 말 그대로 해석하면 '피안의 세계로 간다', '성인의 세계로 간다'는 뜻입니다. 하지만 현재의 자리를 떠나 완전히 다른 곳에 있는 성인의 세계로 간다는 의미로만 받아들여서는 안 됩니다.

바라밀 속에 깃든 참뜻은 '향상한다·전진한다·발전한다'는 것입니다. 일상생활 속에서 매일매일 향상하는 것이 바라밀입니다.

한 예로, 내가 내 자식을 어떻게 키우겠다는 목표를 세웠다고 합시다. 내가 그 자식을 진리에 의지하여 키우고 있다면 곧 반야般若를 실천하는 것이요, 그 자식이 목표한 대로 잘 자랐다면 바라밀이 된 것입니다.

중생이 생사의 언덕을 넘어 성인이 되는 것만을 바라밀이라고 하지는 않습니다. 생활 속에서 하나의 목표를 세워 꾸준히 실천하고 그 목표를 성취하는 것도 바라밀입니다.

그야말로 정성을 다하는 마음으로 살면 바라밀은 저절로 이루어집니다. 생활 속에서 마음을 잘 쓰고 바르게 쓰면 바라밀의 주춧돌이 올바로 놓이게 됩니다.

물론 불자의 최종 목표는 성불成佛이겠지만, 처음부터 꼭 거창한 것만을 목표로 삼을 것은 아닙니다. 지금의 삶 속에서 능히 실천할 수 있는 것부터 하나씩 익혀가면 됩니다.

그러한 의미에서, 우리가 일상생활 속에 행복의 문을

열고 바라밀의 주춧돌을 놓을 수 있는 몇 가지 사항에 대해 함께 새겨 보고자 합니다.

과연 지금 이 자리에서 복된 삶의 길을 열고 바라밀을 이루려면 어떻게 해야 하는가?

무엇보다 먼저 지금 이 인생의 뿌리가 무엇인지를 알아야 합니다. '나'를 현재의 모습으로 있도록 한 근본 법칙이 무엇인가를 알아야 합니다. 그 뿌리는 바로 대우주에 가득 차 있는 인과율因果律, 곧 인과의 법칙입니다.

모든 법은 연을 좇아 생겨나고　諸法從緣生
모든 법은 연이 다하면 없어진다　諸法從緣滅

모든 것은 인연에 의해 생겨났다가 인연이 다하면 흩어집니다. 현재 맺고 있는 부모와 자식, 부부 등의 사람 관계도 모두가 인연이요, 사업의 성패 여부도 인과응보이며, 열심히 정진하여 도를 이루는 것도 인연업과因緣業果입니다.

이 인연의 법칙은 인간에게만 적용되는 것이 아닙니

다. 모든 생물에게 다 적용되고 무생물에도 적용됩니다. 『능엄경』에서는 물과 불의 예를 들어 이를 밝히고 있는데, 요점만 정리하면 다음과 같습니다.

"대우주 공간에는 불의 기운이 가득 차 있다. 그러므로 불이 일어날 수 있는 연緣(환경)만 갖추어지면 어디에서든지 불을 구할 수 있다.

대우주의 공간에는 물의 기운이 가득 차 있다. 그러므로 인연이 화합하면 아무리 높은 산에서도 능히 물을 구할 수 있다…"

『능엄경』의 말씀처럼, 모든 것은 대우주의 인연법에 따라 움직이고 있습니다. 이것을 요즈음의 젊은이들은 '자연의 법칙'이라고 합니다. 원인에 따른 결과, 곧 심은 대로 거두고 지은 대로 받는다는 것입니다.

물론 우리가 지은 전생의 업業, 곧 전생에 심은 씨앗〔因〕은 금생에서 발아할 수 있는 환경을 만나면 반드시 과보를 나타내게 됩니다.

이 인과의 법칙에는 한 치의 오차도 없습니다. 누구

도 예외일 수가 없습니다. 그러므로 지금 내가 받고 있는 업이 비록 마땅하지 않을지라도, '빚을 갚는 자세'로 녹여야 합니다.

지금 이 자리에 있는 것 자체가 나의 업 때문이라는 것을 긍정하고, 빚을 갚고 업을 녹인다는 자세로 살아야 합니다.

'어차피 내가 갚을 빚이라면 기꺼이 갚자.'

빚을 갚는 자세로 현재의 인연을 받아들이면 업이 바뀌게 됩니다. 왜냐하면 '지금 이 자리'가 바로 과거의 업을 푸는 것과 동시에 새로운 연緣을 맺는 순간이기 때문입니다.

가족·이웃·동료들과 좋지 않은 관계에 있으면 빚을 갚는 자세로 임하여 보십시오. 빚을 갚는 자세로 과거의 업을 기꺼이 수용하면 그 업이 결코 힘들지만은 않게 됩니다.

지금 내가 있는 자리에서의 주어진 책임을 적극적으로 완수하면서 살고, 성심을 다하는 마음으로 새로운 씨를 심게 되면 극락과 차츰 가까워지게 됩니다.

부디 감정에 휘말려 들어가서 질이 떨어지는 업을 만

들지 마십시오. 눈앞의 이익, 눈앞의 손해만 생각하여 모든 것을 상대적인 감정과 자존심으로 해결하려 하면 매듭만 늘어날 뿐입니다.

발전하느냐 퇴보하느냐, 위로 나아가느냐 아래로 내려가느냐는 오직 지금 이 자리에서 내가 어떤 마음가짐으로 생활하느냐에 달려 있습니다.

매사에 한 생각을 바르게 가져 빚지거나 맺힌 업을 풀어 나가고, 푼 것을 더욱 좋은 인연으로 가꾸어 나가야 합니다.

이것이 진리에 의지하여 지혜롭게 실천하는 삶이요, 팔만대장경에 기록된 부처님 가르침의 요지이며, 마하반야바라밀摩訶般若波羅蜜의 도리입니다.

극락 같은 삶을 이루려면

물론 이것이 쉽지는 않습니다. 이기적인 생각과 감각적인 삶을 살아온 우리가 빚을 갚고 업을 녹이는 길로 나아가기가 어찌 쉽겠습니까? 몰라서가 아니라 오랜 습관 때문에 실천하기가 쉽지 않습니다. 부처님께도 이것이 쉽다고 하지 않았습니다.

불자들이 즐겨 읽는 『아미타경』은 극락極樂을 주제로 다룬 경전입니다. 지극히 행복한 세계인 극락. 그 극락은 어디에 있는가?

『아미타경』에서는 "서쪽으로 10만억 국토를 지나가면 극락세계가 있다"고 하였습니다.

서쪽으로 10만억 국토! 먼저 '서쪽'이라고 한 것은 동양의 오행사상五行思想에 근거를 두고 있습니다. 목木·화火·토土·금金·수水의 다섯으로 구성된 오행五行 중 목은 동쪽이요 푸른색이며, 화는 남쪽이요 붉은색입니다. 토는 중앙이요 누른색이며, 금은 서쪽이요 흰색이며, 수는 북쪽이요 검은색입니다.

이에 준하여 극락의 방위를 서쪽으로 잡은 까닭은 흰색, 곧 깨끗한 쪽으로 나아간다는 뜻입니다. 욕망과 분별 때문에 마음으로 원한을 품고 나쁜 업을 짓는 여기에서, 바르고 착하고 깨끗한 쪽으로 나아간다는 뜻입니다.

그리고 '10만억 국토를 지나간다'고 할 때의 '10'은 십악업十惡業을 가리킵니다.

　몸으로 짓는 ① 살생　② 도둑질　③ 삿된 음행
　입으로 짓는 ④ 거짓말　⑤ 욕설　⑥ 이간질　⑦ 아첨
　뜻으로 짓는 ⑧ 탐욕　⑨ 분노　⑩ 삿된 생각

등의 열 가지 업을 십악업이라고 합니다.

중생이 십악법을 극복하기란 생각처럼 쉽지가 않습니다. 완전히 극복하기란 참으로 힘이 듭니다.

'거짓말을 말아야지', '욕심을 부리지 말아야지' 결심하고 또 결심하지만, 완전히 극복하기가 결코 쉽지 않습니다. '말아야지' 하면서 또 저지르고, '안 해야지' 하면서 또 되풀이하게 됩니다.

그러므로 『아미타경』에서는 '10' 뒤에 '만억'을 붙여 서쪽으로 10만억 국토를 지나가야 극락이 있다고 한 것입니다.

바르고 착하고 깨끗하게 살기 위한 끊임없는 반복! 극락은 그와 같은 끊임없는 반복, 끊임없는 수양의 결과로 나타납니다. 몇 번 해 보고 되지 않는다고 포기할 일이 아닙니다. 끊임없이 노력하면 지극히 행복한 극락세계가 우리 앞에 저절로 펼쳐집니다.

그 극락에는 아미타불阿彌陀佛이 계십니다.

범어 '아미타Amita'를 시간적으로 번역하면 무량수無量壽, 공간적으로 번역하면 무량광無量光입니다. 무한한 수명과 한량없는 광명을 갖춘 아미타부처님.

우리가 끊임없이 노력하면 무한한 시간과 한없는 공간에 충만되어 있는 변함없는 진리의 부처님인 아미타불과 하나가 되어, 지극히 행복하고 영원한 생명력을 지닌 극락의 삶을 누릴 수 있게 된다는 것입니다.

부처님의 제자는 아미타불과 더불어 이 극락세계에서 살아야 합니다. 그러려면 지금 이 자리를 회피하지 말고 지성至誠으로 살아야 합니다.

한 번 두 번 노력해도 나쁜 버릇이 고쳐지지 않는다며 포기하지 말고, 열 번 백 번 '정성 성誠' 한 글자를 마음 깊이 새기면서 살아야 합니다.

바라밀을 이루는 정성스러운 삶! 우리가 예불을 올릴 때 외우는 지심귀명례至心歸命禮의 '지심'도 정성을 다하는 마음입니다. 지심귀명례는 "내 목숨의 근원으로 돌아가고자 정성스러운 마음으로 예배를 올린다"는 뜻입니다. 바꾸어 말하면, 정성껏 살겠다는 맹세가 지심귀명례입니다.

바라밀을 이루고자 정성껏 살면 목숨의 근원인 원점으로 돌아갑니다. 『화엄경』·『법화경』 등 모든 불교경전의 핵심 내용은 이 원점에 대한 것입니다.

모순 없는 원점에서 잘못 흘러나와 오늘의 여기에 이르렀지만, 다시금 참으로 아름답고 거룩하고 멋지게 승화된 원점으로 되돌아가기 위해서는 어떻게 해야 하는가를 설하고 있습니다.

그 결론은 정성을 다하고 지혜로운 마음을 회복하라는 것입니다.

나에게 다가오는 업을 기꺼이 받으며 정성이 가득한 마음으로 살아갈 때, 우리가 서 있는 자리는 그대로 원점이 되고 극락이 되고 불국정토佛國淨土가 됩니다.

정성껏 살고 집착과 굴레를 벗어나라

또 한 가지, 바라밀을 이루고 행복한 삶을 이루기 위해 크게 강조하고 싶은 점은 내가 스스로 만든 집착과 나를 둘러싸고 있는 굴레들을 조금씩 벗어 보자는 것입니다.

✿

우리나라 대재벌 총수였던 분이 돌아가시기 직전, 병원 침상에서 몸부림치며 애원했습니다.

"왜 이리도 허전한가? 내가 가져갈 것을 달라."

그분은 많은 재산·명예 등 세상 사람들이 부러워하는 모든 것을 가지고 있었고, 그분 밑에는 회장·장관·교수 등 능력 있는 사람들이 많았는데도, 그분이 가져갈 것은 아무것도 없었습니다.

한평생을 함께한 부인도 줄 것이 없더랍니다.

✿

우리는 죽을 때 무엇을 가지고 갈 수 있을까요? 평

생 고생했다고 하여 모은 재산을 가져갈 수 있을까요? 사랑했다고 하여 남편을, 아내를 데리고 갈 수 있을까요? 정성을 쏟으며 길렀다고 하여 아들과 딸을 데려갈 수 있을까요? 어렵게 땄다고 하여 학위나 자격증을 가지고 갈 수 있을까요? 남의 욕을 먹고 굴욕을 참으면서 쌓아 올린 명예나 권력을 가져갈 수 있을까요?

결국은 아무것도 가져갈 것이 없습니다.

그런데도 하루 온종일 '그것' 아니면 못 사는 것처럼 착각하고 사는 사람들이 많습니다. 우리를 둘러싸고 있는 굴레에 묶여 참된 자유를 잃고 살아갑니다.

그 굴레는 집착하면 집착할수록, 많이 좋아하면 좋아할수록 사람을 더욱 상하게 합니다. 그와 같은 실화는 너무나 많습니다. 한 예를 들어 봅시다.

🌸

얼마 전까지 울산에서 농사를 지었던 한 농부는 논이 택지로 개발되는 바람에 30억이라는 돈이 생겼습니다. 갑자기 큰돈이 생기자 농부는 마음이 붕 떠 버렸습니다. 호화로운 가재도구에 멋진 양복, 외제 승용차까지 모두 구입했습니다. 그리고 서울로 가서 먹고 싶었던 것, 하고 싶었던 것을 마음껏 즐기리라 작정했습니다.

먼저 고향인 안동 쪽 시골에 친척 잔치가 있어 가족들을 데리고 간 그는 외제 승용차며 바뀐 모습을 자랑하면서 3일 동안 돈을 펑펑 쓰다가, 약간의 음주 상태에서 서울로 향했습니다. 그때 운전 솜씨가 미숙하다고 느낀 친척 조카가 함께 가기를 자청했습니다.

"제가 앞서갈 테니 아저씨는 제 차 뒤만 잘 따라오십시오."

그런데 국도에서 잘 따라오던 승용차가 고속도로로 들어서자 갑자기 속력을 높여 봉고차를 앞질러 가는 것이었습니다.

'좋은 차로 속력을 내고 싶어서 그러나 보다.'

하지만 얼마 가지 못해 사고가 났습니다. 고속버스를 추월하려던 승용차가 갑자기 차선을 바꾼 덤프트럭 밑으로 들어가 버렸고, 가족 모두가 죽고 말았습니다.

༄

이는 사람이 돈을 쓴 것이 아니라 돈이 사람을 주물러 쓴 경우입니다.

우리는 어떻습니까? 남이 무엇을 사면 나도 따라서 사고, 남이 무엇을 하니 나도 무엇을 해야 한다는 식으로 살아가고 있는 것은 아닙니까? 혹시나 남을 따라 붕 떠서 살고 있지는 않습니까?

불자라면 모름지기 중심을 잡고 살아야 합니다. 헛된 굴레에 사로잡혀 진짜 할 일을 잊고 살아서는 안 됩니다. 테두리보다는 스스로의 진실을 체험하여 살아야 합니다. 스스로가 참으로 소중하게 가꾸어야 할 것을 가꾸며 살아야 합니다.

❀

일본 막부幕府시대의 한 고급 관리는 당대의 고승인 백은白隱(1685~1768)선사를 지극히 존경했습니다. 그 관리에게는 유난히 애착심이 강한 아내가 있었습니다. 그는 아내의 불필요한 굴레를 벗어나게 하고자 함께 백은선사를 친견하러 가기로 하였는데, 공교롭게도 나라에 급한 일이 생겨 부인 혼자 스님을 찾아뵙게 되었습니다.

스님에 대한 기대감으로 잔뜩 긴장했던 부인은 혹시나 큰스님께 실수라도 하지 않을까 쩔쩔매면서 인사를 올렸습니다. 그리고 자리에 앉자 전혀 예상 밖의 말씀이 들려왔습니다.

"벗어라."

너무나 당황스러웠지만, 당대 최고의 큰스님이 하시는 말씀을 거역할 수가 없어 겉옷 하나를 벗었습니다. 스님은 또 말씀하셨습니다.

"벗어라."

부인은 다시 옷 하나를 벗었고, 스님은 거듭 같은 요구를 했습니다.

"벗어라."

'큰스님이라기에 굴욕을 참으며 옷을 벗었거늘 또 벗으라니! 이런 몹쓸 중놈 같으니…'

화가 머리끝까지 치솟아 옷을 입고 집으로 돌아온 부인은 남편을 향해 마구 퍼부었습니다.

"그런 땡추가 큰스님이라고? 큰스님이 아니라 색골이요 색골! 당신도 그런 땡추와는 상종하지 말아요."

부인을 간신히 달래어 자초지종을 알게 된 남편은 박장대소를 터뜨리며 말했습니다.

"부인이 내 얼굴에 똥칠을 했구먼. 당신이 큰스님 앞에서 너무 긴장을 하고, 고관의 부인이라는 신분 때문에 무겁게 사는 것이 안타깝게 보여서 그런 굴레를 '벗어라'고 하신 것을 가지고…."

§

우리는 조금씩 벗고 살아야 합니다. 부처님의 제자답게 스스로가 집착하여 만든 불필요한 굴레를 벗고 살아야 합니다. 바로 이 집착과 이 굴레가 나쁜 윤회의 길을 만든다는 사실을 잊어서는 안 됩니다.

부디 붕 떠서 살지도 말고, 굴레에 사로잡혀서 살지도 마십시오. 굴레에 대한 집착을 조금씩 벗으며 살아가십시오. 불필요한 굴레는 벗어 버릴수록 자유로워집니다. 지금 복이 찾아와 돈·명예·권력·사랑 등이 넘친다 할지라도, 결코 사로잡히지 말고 잘 활용하며 살아가야 합니다.

잊지 마십시오. 복이 다하면 화禍가 찾아듭니다. 지

금 돈·명예·권력·사랑 등이 없을지라도, 그것을 얻기 위해 그릇된 길로 나아가지 마십시오. 욕망을 좇아 그릇된 길로 나아가면 불행이 물밀듯이 닥쳐오고, 중심을 잡고 헛된 것들을 놓으며 살아가면 행복의 시절이 스스로 찾아옵니다.

굴레를 벗어 버리고 빚을 갚는 자세로 진실을 체험하며 성심껏 살아가는 것. 이것이 부처님께서 가르치신 바라밀, 곧 '향상하고 행복하게 사는 법'입니다.

❦

거듭 결론 삼아 다시 한번 당부 드립니다.

돈과 명예와 이익 속에 허우적거리지 않고, 헛된 굴레를 조금씩 조금씩 정리하고 벗어 버리면서, 지금의 삶에 정성을 다하십시오.

'지금 이 순간'이 빚을 갚을 좋은 때라는 것을 명심하고, 의지를 가진 사람의 몸을 받아 빚 갚을 기회를 가지게 된 것을 기쁘게 생각해야 합니다. 그리고 주위의 모든 것을 긍정적으로 받아들여 순하게 순하게 문제를 풀고, 또 다른 빚을 만들지 말아야 합니다.

이렇게 할 때 부처님의 가르침을 받은 불자로서의 보람과 함께 행복바라밀이 펼쳐집니다.

그리고 무언가가 잘 되지 않고 풀리지 않을 때는 포기하지 말고, 오히려 부지런히 참회 기도를 하십시오. 부지런히 기도하는 가운데 모든 것은 풀어집니다. 참회 기도를 통하여 '나' 속의 응어리를 풀어 버리면 모든 장애는 저절로 사라집니다.

꼭 명심하실 것은, 문제가 눈에 보이든 보이지 않든 나부터 먼저 풀어야 한다는 것입니다. 내 가슴속이 맺혀 있는데, 저쪽이 먼저 풀어질 리가 없습니다.

부지런히 기도하다 보면 '내가 잘못했구나', '내가 잘못 살았구나' 하는 진참회眞懺悔와 함께 내 안의 응어리가 풀어지고 모든 것이 순탄해집니다.

이렇게 사는 것이 바라밀의 생활화요, 복을 부르고 깨달음을 여는 삶이라는 것을 꼭 새겨 두시기 바랍니다.

나무마하반야바라밀.

II

불자의 삶

불성을 주춧돌로 삼아

불성이란 무엇인가

우리는 불자입니다. 부처님의 아들딸입니다. 부처님의 아들딸인 우리는 부처님 집안의 가풍에 따라 살아야 합니다. 언제나 부처님의 말씀을 듣고 생각하고 실천하면서 살아야 합니다.

진리의 소리를 듣고〔聞〕 진리를 생각하고〔思〕 진리대로 실천하는〔修〕, 문·사·수 삼혜三慧의 생활을 하며 살아야 합니다.

하지만 지금의 '나'는 어떠합니까? 일상생활 속에서

부처님의 가르침을 얼마만큼 담으려고 애를 쓰고 있으며, 얼마나 부처님의 가르침을 실천하고 있습니까?

불자라면 모름지기 '나'의 일상생활이 어떤 생활이 되고 있는지를 늘 반성하며 살아가야 합니다.

절에 머무를 때는 부처님의 제자요 부처님의 아들딸답게 행동을 하면서, 절 문밖만 나서면 불자인지 무종교인인지 구별이 되지 않는 생활을 하고 있다면, 이름만 불자이지 참된 불자라고 할 수가 없습니다.

이 세상에는 두 가지 주춧돌이 있습니다. 아무것도 이루지 못하고 무상하기 짝이 없는 물거품 주춧돌과, 향상하고 발전하고 행복을 가꾸고 부처를 이루는 불성 주춧돌이 그것입니다.

과연 불자인 우리의 주춧돌은 무엇입니까? 모름지기 불자라면 불성 주춧돌 위에 집을 짓고 살아야 합니다.

불성 주춧돌….

그렇다면 불성이 무엇인가?

불성이 무엇인가를 이야기하기 전에 잠깐 단정히 앉아 모든 생각을 놓아 버리고 숨을 고요히 들이쉬고 내쉬며 선정禪定에 들어 보십시오. 길지 않은 시간, 단 3

분이라도 좋습니다. 자, 잠깐 앉아 보십시오.

....

이 잠깐의 시간 동안, 무어라고 말로 표현할 수 없고 모양으로 나타낼 수 없는 어떤 '나'를 감지할 수 있었을 것입니다. 무엇인가 분명히 있지만 물건처럼 잡을 수 없고, 빛깔도 소리도 없지만 펄펄 살아 있는 어떤 기운을 느꼈을 것입니다.

어떠한 번뇌망상도 없는 고요 속에서 또렷이 살아 있는 그 기운. 그것이 바로 우리들 모두가 가지고 있는 불성의 기운입니다.

이 불성의 기운!

크다고 해야 할까요? 작다고 해야 할까요?

많다고 해야 할까요? 적다고 해야 할까요?

시작이 어디이며 끝이 어디일까요?

안이 따로 있고 밖이 따로 있을까요?

가는 것이 있고 오는 것이 있을까요?

아닙니다. 『반야심경』의 가르침처럼 불성은 '불생불

멸·불구부정·부증불감'입니다.

시작도 끝도 없으며, 가고 오는 것이 없기 때문에 불생불멸不生不滅입니다.

어떠한 때도 끼지 않고, 어떻게 더 깨끗하게 할 수가 없기 때문에 불구부정不垢不淨입니다.

누구나가 평등하고 한결같이 가지고 있기 때문에 부증불감不增不減입니다.

이 불성은 어느 누구도 간섭할 수 없고 빼앗아갈 수 없는 자리입니다. 부모도 자식도 부처님마저도 손을 대지 못하는 자리입니다. 오직 나 하나만이 간직하고 알 뿐, 결코 어떤 존재도 간섭할 수 없는 차원입니다.

돈으로도 어떻게 할 수 없고 벼슬로도 어떻게 할 수 없고 공갈·협박·폭력으로도 어떻게 할 수가 없고 인정과 지식으로도 어떻게 할 수가 없는, '절대 유일의 차원'입니다. 그야말로 천상천하 유아독존입니다.

❀

중국 당나라 때의 혜충국사慧忠國師는 당나라 현종·숙종·대종의 세 임금이 국사國師로 추대하였던 대고승입니다.

이 혜충국사가 숙종의 국사가 되었을 때 타심통他心通을 얻었다는 대이삼장大耳三藏이 인도에서 중국으로 왔습니다. 타심통을 얻은 대이삼장은 만나는 사람마다 무슨 생각을 하고 있는지를 다 알아맞혔기 때문에 사람들은 그를 '도인'이라 추앙하였고, 불심이 깊었던 숙종도 존중했습니다.

어느 날 대이삼장이 어떤 경지의 도인인지를 확인하고 싶었던 숙종은 혜충국사와 대이삼장을 함께 모셨고, 두 분이 만나자 국사가 먼저 말문을 열었습니다.

"그대가 타심통을 얻었다지?"

"외람스럽습니다."

"이 노승에게도 한번 보여 주게. 나는 지금 어디에 있는가?"

"화상은 한 나라의 스승이신데, 어찌하여 서천西川에 가서 뱃놀이를 구경하고 계십니까?"

"그러한가? 그렇다면 지금의 나는 어디에 있는가?"

"천진교天津橋 위에서 원숭이를 희롱하고 계십니다."

"그렇다면 지금은?"

순간적으로 국사가 모든 생각을 비워 버리고 무심삼매無心三昧에 들자, 대이삼장은 한참 동안 그 자취를 찾지 못해 어쩔 줄을 몰라했습니다. 국사는 크게 꾸짖었습니다.

"에잇, 이 살여우 같은 놈! 네 그런 주제에 타심통이 다 무엇이냐?"

대이삼장은 굴복을 하고 인도로 돌아갔습니다.

ε

타심통이 무엇입니까? 타심통은 다른 사람의 마음에서 일어나는 파장을 받아 그 속을 읽어 내는 것입니다. 열 추적 장치가 달린 미사일처럼, 남의 마음의 움직임을 추적하여 알아내는 것입니다.

하지만 마음이 움직이지 않으면 타심통이 결코 통하지 않습니다. 조용히 앉아서 불성을 자기 스스로 수용하는 자수용自受用의 세계, 절대유일의 불성자리로 돌아가서 살면 모든 문제는 저절로 사라집니다.

불성을 자각하며 살자

그러므로 우리 불자들은 움직이지 않고 침범 받지 않는 불성자리로 돌아가서 살고자 노력을 해야 합니다. 불성이 우리와 잠시도 떨어져 있지 않다는 것을 최대한 자각하며 살아야 합니다.

그런데 우리들은 불성을 망각한 채 살고 있습니다. 불성을 망각하고 있기 때문에 너무나 쉽게 스스로를 비하시키기도 하고 남을 무시해 버리기도 합니다. 불성에 대한 확신과 인식이 없기 때문에 그릇된 삶의 길로 빠져들어 갑니다.

불성이 참 '나'라는 사실을 잊어버리고, 끊임없이 일어나는 생각과 무상한 몸뚱어리를 '나'로 삼아 살아가기 때문에 끝없는 방황을 계속하는 것입니다.

하지만 염려할 일은 아닙니다. 이 절대 유일의 불성에는 무한한 '가능성'이 있기 때문입니다.

어디에서나 어느 때에나 얼마든지 바꿀 수 있는 가능성, 그 가능성이 바로 불성입니다. 노력에 따라 크게 개발을 할 수도 있고 적게 개발을 할 수도 있는 가능성이 바로 불성인 것입니다.

하지만 불성은 '가능성'이기 때문에, 개발을 하지 않고 노력을 하지 않으면 결실을 보여주지 않습니다. 발현을 위한 노력이 없으면 불성은 묻힌 채로 있습니다.

곧, 아무리 좋은 불성이 있고 가능성이 많다고 할지라도, 개발하려는 의지가 없고 전진하고 향상하고 발전하려는 노력이 없으면, 언제까지나 업業을 따라 흘러갈 뿐입니다.

부디 이 가능성을 개발하십시오. 우리의 노력 여하에 따라 이 불성, 이 가능성을 한없이 한없이 개발할 수 있습니다. 석가모니부처님처럼 개발할 수도 있고 공자님처럼, 예수님처럼 개발할 수도 있습니다. 음악 쪽으로 개발시키면 베토벤처럼 될 수 있고, 미술 쪽으로 개발시키면 솔거나 다빈치처럼, 과학적으로 개발시키면 에디슨이나 아인슈타인이나 스티브 잡스처럼 될 수도 있습니다.

문학·수학·철학·사업·예술·종교, 그 어떤 분야로도 개발할 수 있습니다. 개발하는 노력에 따라 무한정 향상할 수 있습니다. 무한정, 끝없이 향상할 수 있는 그 위대한 가능성! 그것이 불성입니다.

오직 개발하려는 '나'의 노력과 향상하려는 '나'의 의지 여하에 따라 정도의 차이만 있을 뿐, 그 가능성은 모든 중생에게 한결같이 있습니다.

이와 같이 우리 모두는 부처도 될 수 있고 대학자도 대부호도 될 수 있는 거룩한 불성, 위대한 가능성을 지니고 있기 때문에, 우리들 한 사람 한 사람은 모두가 위대하고 거룩한 존재인 것입니다.

이것을 우리는 확실히 믿고 확실히 인식해야 합니다. 나 자신이 누구에게도 못지 않은 거룩한 존재라는 것을 확실히 믿고 열심히 정진해야 합니다. 내 속에 있는 절대 유일의 불성, 무한한 가능성을 지닌 이 불성을 주춧돌로 삼아 열심히 살아야 합니다.

그렇게 살아갈 때 모든 문제와 고통과 재난은 사라지고 행복과 자유와 영원이 깃든 새로운 삶이 눈앞에 펼쳐진다는 것! 이것을 깨우쳐주기 위해 부처님께서 이 땅에 오신 것입니다.

모든 사람을 부처님으로 보라

불성에 대해 또 한 가지 명심해야 할 사항은 이 절대 유일의 불성을 '나'만 간직하고 있는 것이 아니라, 누구나가 다 간직하고 있으며, 누구의 불성이든 조금도 차이가 없다는 것입니다.

일체중생一切衆生 실유불성悉有佛性. 부처님께서는 "일체중생에게는 모두 불성이 있다"고 하셨습니다.

부처나 보살에게만 불성이 있는 것이 아니라, 모든 중생에게 다 있다고 하셨습니다. '나'에게도 있고 내 부모, 내 형제, 내 아들딸, 심지어는 짐승과 벌레에까지 있다고 하셨습니다.

실로 이 불성은 아이라고 하여 적게 있고 어른이라고 하여 많이 있는 것이 아닙니다. 남자보다 여자에게 많고 짐승보다 사람에게 많이 있는 것도 아닙니다.

높고 낮고 많고 적고 크고 작고와 관계없이 누구에게나 있고, 누구에게나 평등하게 있습니다. 중생 모두가 평등하게 가지고 있습니다. 그야말로 불성은 절대 무차별이요 절대 평등입니다.

그런데 누구에게나 다 있는 절대 무차별이요 절대 평등의 불성을 망각하고 살게 되면, 갖가지 문제가 발생하게 됩니다.

누구보다 '나'를 위하고 나를 사랑하는 우리. 우리들 대부분은 욕심과 감성에 이끌려 이기심과 자존심을 한껏 키우며 살아가고 있습니다. 그리고 끝없는 이기심과 자존심으로 남을 무시하며 살아갑니다.

내가 최고요 내가 잘 되어야 한다고 생각하는 사람들. 나를 사랑하기 때문에 남을 무시하고 남을 돌아보지 않아도 좋다고 생각하는 사람들. 심지어는 같은 피를 나눈 형제끼리 손해를 보지 않겠다며 아귀다툼을 하고, 진실로 존경 속에서 살아가야 할 내외간에도 목소리를 높이고 무시하며 살아갑니다.

부모와 자식을 내다 버리고, 사람의 목숨이 파리 목숨인 양 곳곳에서 칼부림이 일어나고, 살인·강도·성폭행 등의 사건이 벌어지고, 부정부패·사기가 판을 치고 있습니다.

이것이 무엇 때문입니까? 모두가 불성을 잊고 살기 때문입니다. '나' 자신이 거룩한 불성을 지니고 있다는 것을 믿지 않고 있기 때문이요, 모든 중생이 불성을 지닌 존재라는 사실을 망각하고 살기 때문입니다.

만일 우리가 불성을 주춧돌로 삼고 산다면 남을 무시하겠습니까? 내가 거룩한데 어찌 남을 해칠 것이며, 남이 거룩한데 어찌 존경하지 않겠습니까?

결국 나와 남을 존경할 줄 모르는 그릇된 이기심 때문에 인간평등과 좋은 유대관계가 깨어져 사회가 각박해지는 것입니다.

그러므로 우리는 무엇보다 먼저 우리들 자신이 지니고 있는 거룩하고 위대한 불성을 믿어야 합니다. 동시에 우리의 부모·형제·배우자·아들딸, 나아가 이 세상의 모든 사람들이 불성을 지닌 거룩한 분이요 위대한 분이라는 것을 깨달아야 합니다. 장차 부처가 될 그 모든 분들을 존경하고 섬길 줄 알아야 합니다.

예로부터 불교에서는 부모가 바로 부처님이요 형제가 바로 부처님이요 내 남편, 내 아내가 부처님이요 아들딸이 부처님이라는 가르침을 많이 설하고 있습니다.

그런데 우리의 일상생활은 어떠합니까? 곰곰이 돌이켜 보십시오.

부모를 부처님처럼 생각하고 아침저녁으로 공양하는 분은 많지 않습니다.

'내' 아들딸이라는 이유를 들어, 자식을 내 욕망에 맞도록 키우고 내 뜻과 같이 만들고자 합니다.

부부라면 서로 존중하면서 서로 아끼고 받들어야 하건만, 그렇게 사는 부부가 드뭅니다.

"일체중생에게 불성이 있다."

"내가 곧 부처요, 내 마음이 부처다."

이러한 가르침을 수없이 듣고 들은 불자들 중에는 "내 마음이 부처지, 부처가 다른 데 있나"라는 말을 즐겨하는 이들이 있습니다. 그렇습니다. 진실로 우리가 부처요 부처님 될 종자입니다.

그럼 우리들의 남편과 아내, 우리의 아들딸은 부처가 아닙니까? 부모는 부처가 아닙니까? 내가 부처면 그분들도 부처입니다. 정녕 우리가 참다운 불자라면 우리의 아들딸, 남편과 아내, 부모형제를 부처로 볼 수 있어야 합니다. 그리고 거룩한 그분들 앞에서 절을 하고 그분들을 잘 받들어야 합니다.

조선시대, 현풍 곽씨 집안의 사내가 장가를 들었는데, 새색시의 행동이 마치 선머슴처럼 멋대로였습니다. 의복도 단정히 입지 않고 말씨도 곱지 않았으며, 시부모에게도 예의를 차리기는커녕 제멋대로 굴었습니다.

남편이 좋은 말로 타이르기도 하고, '그렇게 하다가는 소박을 당한다'며 위협도 해 보았으나 소용이 없었습니다. 마침내 남편은 부인을 향해 몽둥이를 들었고 바깥출입을 못하도록 방에 감금하기까지 하였습니다.

별별 수단을 다 써 보아도 부인의 버릇은 고쳐지지 않았습니다. 그렇다고 하여 양반집에서 부인을 함부로 내쫓을 수도 없는 형편이었습니다.

자포자기 속에 형식적인 부부생활만을 유지하며 지내던 어느 날, 남편은 『맹자』를 읽다가 한 글귀에 눈이 멎었습니다.

"사람의 본성은 본래 착하다. 누구든지 그 본성은 요순堯舜과 같다."

이 구절을 읽고 남편은 생각했습니다.

'저 사람도 원래는 요 임금이나 순 임금처럼 착한 사

람인데, 내가 잘못 대했구나. 앞으로는 요·순 임금처럼 극진히 존경하리라.'

　이튿날 아침, 사당으로 가서 조상님께 절을 올린 남편은 곧바로 아내를 찾아가 아주 정성스럽게 절을 했습니다. 그리고 말했습니다.

"당신은 참으로 거룩합니다."

아내는 도저히 이해가 되지 않았습니다.

'이 사람이 돌았나? 어제까지만 해도 욕하고 때리고 감금하더니….'

　남편의 정신이 이상해진 것으로 착각한 아내는 자리를 피하여 방밖으로 달아났습니다. 하지만 남편은 계속 쫓아다니며 절을 했습니다.

"당신은 본래 착하고 거룩한 존재요. 그런데 내가 잘못 보고 욕하고 때렸으니 용서해 주시오."

　이렇게 하기를 한 달이 지나자 부인도 변하기 시작했습니다.

"왜 자꾸 이러십니까? 이제부터는 나도 잘할 테니 제발 절은 그만하십시오."

"요·순 임금과 같은 당신에게 어찌 내가 절을 하지

않을 수가 있겠소."

남편이 계속해서 절을 하자 아내도 마침내 맞절을 시작했습니다.

"당신이 날 보고 요·순이라 하지만, 진짜 요·순 임금은 바로 당신입니다."

이렇게 하여 곽씨 부부는 서로를 지극히 존경하며 행복하게 살았다고 합니다.

§

이 이야기에서처럼 절은 높은 분이나 부처님에게만 하는 것이 아닙니다. 내가 머리를 숙이고, 우리 주위의 사람들을 부처님처럼 보고 부처님처럼 대한다면, 모든 문제는 저절로 녹아 버립니다.

실로 나는 법회를 할 때마다 남편에게 아내에게 아들딸에게 절을 하라고 이야기합니다. 가족 한 사람 한 사람에게 삼배씩 올리라고 합니다.

그런데 대부분의 사람들은 그렇게 하지 못하겠더라고 합니다. 왜 못합니까? 그것은 불자로서 그만큼 자신 없는 생활을 하고 있다는 증거입니다.

진실로 부모를 존경하고 고마워할 줄 알면, 남편과 아내를 존경하고 고마워할 줄 알면, 아들딸과의 인연을 고마워할 줄 알면 절을 못 할 까닭이 없습니다.

결코 나만 잘난 존재가 아닙니다. 나만 불성이 있고 다른 사람은 불성이 없는 존재입니까? 내가 거룩한 불성과 끝없이 향상할 수 있는 위대한 가능성을 지니고 있듯이, 우리의 부모형제, 남편과 아내, 아들딸들도 거룩한 불성과 위대한 가능성을 지니고 있습니다.

곧 내가 미래의 부처님이기 때문에, 그리고 나 속에 부처를 간직하고 있기 때문에, 우리의 가족·친척·이웃은 모두 부처인 것입니다.

법당에 계신 부처님 앞에서는 몇 시간씩 절을 하고 3천배 1만배를 하면서, 살아 숨쉬는 가족 등의 부처님 앞에 고개 한 번 숙일 줄 모르는 불자로 살아가고 있지는 않습니까?

부디 가족을 비롯하여 모든 사람을 부처님처럼 생각하십시오. 그리고 부처님처럼 대하십시오.

물론 처음에는 쉽게 되지 않을 것입니다. 하지만 불성 주춧돌 위에 서서 꾸준히 '나'를 닦아 가다 보면 능히 모든 사람을 부처님 대하듯이 할 수가 있습니다.

그때가 되면 우리의 마음공부는 급속도로 향상됩니다. 꼭 명심하시어, 불성의 주춧돌 위에서 우리의 부처를 발현시킬 수 있기를 축원드립니다.

문제를 풀어가는 삶

인생 가계부

이제 불성의 주춧돌 위에 서서 불자답게 사는 법 몇 가지를 이야기하고자 합니다.

나는 가정주부들에게 늘 인생 가계부를 잘 쓸 것을 부탁드립니다. 가계부에 들어오고 나가는 돈 계산만 하지 말고, 인생 전체를 회계하는 인생 가계를 잘 계산하라고 부탁드립니다.

집안 살림을 꾸려 가는 주부들은 잘 알 것입니다. 지난달에 충동구매를 억제하지 못하여 쓰지 않아도 좋을 돈을 듬뿍 써 버렸으면, 이번 달의 살림은 쪼들리기 마련입니다.

그러나 이번 달을 재치 있게 넘기면, 지난달 듬뿍 쓴 돈을 메우고 다음 달의 여유를 만들 수가 있습니다. 그런데 이번 달마저 실수를 하여 돈을 듬뿍 써 버리면 다음 달에 어떻게 되겠습니까?

우리의 인생 전체도 마찬가지입니다.

전생에 복을 지어 놓아야 하는데, 수입이 되는 복은 닦지 않고 재앙만 만들어 놓았으니 금생이 힘들 수밖에 없습니다. 과거에 복을 닦아 놓았어야 지금 복을 누릴 텐데, 복보다는 죄를 많이 지어 놓았으니 어찌 복이 나와 함께 하겠습니까?

하지만 마냥 실망할 일은 아닙니다. 이제부터라도 금생 가계부를 꼼꼼히 적으면서 착실하게 살림을 살아 보십시오. 금생의 살림을 지혜롭게 살면 능히 전생의 악업으로 인한 재앙을 느슨하게 만들고 미래의 복을 만들 수 있습니다.

그럼 어떻게 해야 이 금생의 살림을 지혜롭게 꾸려 갈 수 있는가?

무엇보다 먼저 불성의 주춧돌 위에 서서 물질에 너무 얽매이지 않고 살아야 합니다.

사람들은 금을 무척 좋아합니다. 금으로 만든 것은 그냥 '가락지다·목걸이다·팔찌다' 하지 않고 꼭 '금'이라는 글자를 붙여서 '금가락지·금목걸이·금팔찌'라고 합니다. 그러면서도 진짜 순금과 같은 우리 속의 불성은 돌아볼 줄을 모릅니다.

물질에는 한없는 애착을 일으키면서, 내 몸과 마음과 대우주의 주춧돌이 되는 불성은 돌아보려고 하지 않습니다. 많은 사람들이 '돈·돈·돈' 하지만, 돈이 많다고 하여 하루에 여섯 끼를 먹는 것도 아니고 죽을 때 가지고 가는 것도 아닙니다.

❁

내가 오래전에 대전에서 만난 어느 부자 할머니는 방 안에 돈을 가득 쌓아 두고 있었습니다.

1만 원권을 5천 만원 정도, 5천 원권을 3천 만원 정도, 1천 원권을 천 만원 정도, 그리고 5백 원짜리 백 원짜리 5십 원짜리 십 원짜리 동전들도 가득 재어져

있었습니다. 그것도 모자라, 모아 둔 돈은 모두 조폐
공사에서 갓 찍어 낸 듯한 새 돈이었습니다.

묘한 분이라는 생각이 들어 물었습니다.

"할머니, 왜 방안에 돈을 가득 쌓아 놓고 사십니까?"

"깔깔한 돈을 가득 모셔다가 보고 있으면 사는 재미
가 나요."

§

할머니는 돈을 잘 쓰는 재미보다는 가득 쌓여 있는
깔깔한 돈을 보는 재미로 살아가고 있었습니다. 그 할
머니는 죽을 때 돈을 가져갈 수 있을까요? 오히려 그
돈 곁을 떠나지 못하여 편안한 세상으로 가기가 힘들
것입니다.

우리 불자늘은 돈에 정신을 빼앗긴 채 살아가서는
안 됩니다. 돈에 눈이 어두워지면 돈 때문에 불행을 겪
게 됩니다.

돈 욕심을 벗어나지 못하여 스스로를 몰락시키고, 주
위 사람까지 불행에 빠뜨리는 경우를 우리는 많이 보
고 있지 않습니까? 그런데도 대부분의 사람들이 물질

에 속고 겉모습에 매달려 가치 기준을 잃은 채 살아가고 있습니다.

특히 지금의 대한민국은 급속히 밀려든 물질문명에 취하여 정신없이 돌아가고 있습니다. 한번 돌이켜 보십시오.

지금 60세 이상의 어른들은 대부분 가난 속에서 어린 시절을 보냈습니다. '보릿고개'를 겪고 좁은 방에서 변변치 못한 옷을 입고 자랐습니다. 그렇지만 법도는 분명히 있었습니다.

부모님이 자식의 잘못을 발견하고 "이놈아! 하늘이 무섭지 않느냐?" 한마디만 하면 무릎을 꿇고 참회했습니다.

그런데 요즈음의 젊은이들에게는 "하늘이 무섭지 않느냐?"는 말이 통하지 않습니다. 부모님의 말씀, 선생님의 말씀까지 무시하기 일쑤입니다.

왜 이런 현실 속에 우리가 와 있습니까? 물질에 쫓겨 살기 때문입니다. 도덕이나 불심으로 사는 것이 아니라, 겉모습과 물질에 매달려 살기 때문입니다.

"굶어 죽어도 도둑질을 할 수 있느냐?"

옛어른들은 이렇게 가르쳤습니다. 그런데 오늘날의 많은 부모들은 달리 가르칩니다.

"도둑질을 하더라도 들키지 않도록 해라…."

물론 오늘날에도 훌륭한 부모는 많이 있습니다. 그러나 잘사는 기준을 물질에 두고 자기중심으로 살도록 내버려두면 둘수록, 우리의 아들딸들은 점점 메말라갑니다.

생존 경쟁에 이기고 돈을 많이 벌고 권력을 장악하는 것이 잘사는 길입니까? 아닙니다. 스스로의 진실을 체험하고 '나' 속에 있는 무한한 가능성을 발현시키면서 사는 것이 참으로 잘사는 길입니다.

부디 물질에 속아 가치 기준을 잃고 살지는 마십시오. 공무원이라도 높은 공무원, 돈을 만져도 큰돈을 만져야 장하고 훌륭한 남편이요 거룩한 아버지로 착각을 하고, 청소 일을 하고 농사를 짓는 성실한 남편이나 아버지를 괄시하는 고약한 버릇을 우리는 버려야 합니다.

아리따운 겉모습, 두툼한 지갑, 권력·명예 등 물에 뜬 거품마냥 허무한 것을 우리의 뿌리인 양 착각을 하여, 진실로 열심히 살고 있는 우리 주위의 거룩한 부처님들을 괄시하고 업신여겨서는 안 됩니다. 제발 겉모습에 속지 말고 물질에 속지 마십시오.

수십 년 전부터 이 나라는 물질로써 값어치를 따지는 나라, 겉모습으로 체면을 세우는 나라, 남과 비교하고 남의 눈치를 보고 살아가는 것이 당연한 것인 양 착각을 하며 사는 나라로 바뀌고 있습니다.

이것이 바람직한 나라입니까? 우리의 대한민국이 더이상 물질로 사람의 값어치를 따지는 나라가 되지 않도록 모두가 노력하고 가꾸어야 합니다.

우리는 결코 오늘만, 이 생만 사는 존재가 아닙니다. 그러므로 불성을 주춧돌로 삼아 금생의 가계부를 잘 정리하면서 참으로 이익을 남길 수 있는 삶을 살아야 합니다.

물질과 겉모습에 속지 않고 금생을 잘 꾸려 가면 두고두고 복덕을 누리며 살아갈 수 있습니다.

나의 말 한마디가

그럼 불성을 주춧돌로 삼아 금생의 가계 살림을 잘 하려면 무엇부터 먼저 해야 하는가? 어디에서나 어느 때에나 항상 '나'와 함께하고 있는 불성佛性에 대한 확신부터 분명히 서야 합니다.

만일 '나'의 불성에 대한 확신이 서지 않거나, 이것이 무슨 말인지 이해할 수가 없다면 한 가지 공부에 3년 이상 몰두해 보십시오.

관세음보살 또는 지장보살을 염하여도 좋고 다라니를 외워도 좋습니다. '이 무엇고' 화두를 들어도 좋고, 경전을 펼쳐 들고 뜻을 마음에 새기며 읽어 내려가거나 사경을 해도 좋습니다. 그렇게 하기를 3년 이상하면 차츰 '불성 주춧돌'이 놓이게 됩니다.

꼭 염불·주력·참선·독경·사경이 아니라, 우리의 남편·아내·아들딸에게 하루에 3배씩 절하는 것을 계속하는 것도 바람직합니다.

무엇을 하든, 그 수행을 생활화하여 3년이 지나게 되면, 인간의 진정한 정情, 곧 불성에서 우러나오는 참된 정을 알 수가 있습니다. 그 정을 체험해야 합니다.

사람들은 자신이 베푸는 정을 참된 정이라고 생각하지만, 현재 우리가 베풀고 있는 정은 거짓이요 감정이요 욕망이요 분별일 뿐, 참된 인간의 정이 아닙니다.

참된 인간의 정은 '정성 성誠'자에 기초를 두고 있습니다. 남의 눈총이나 입방아, 손가락질을 조금도 의식하지 않고 베풀 수 있는 것, 나의 양심에 조금도 거리낌없이 베풀 수 있는 것이 참된 정이요 깊은 정입니다.

실로 사람들 중에는 한평생 아들딸들을 낳고 손자를 보고 기르면서도 인간의 참된 정이 무엇인가를 모르고 사는 이들이 많습니다. 겉으로는 인간의 가죽을 쓰고 있지만 속은 짐승인 경우가 많습니다.

속으로는 "이 원수!"하면서, 세 치 혀로만 남편 걱정, 아내 걱정, 자식 걱정을 하는 척만 하고 사는 이들이 많습니다. 먼저 이 혀부터 잘 단속해야 합니다.

우리의 세 치 혀는 칼날입니다. 혓바닥이라는 칼날을 잘못 나불거리고 잘못 사용하면, 나뿐이 아니라 주위를 악의 구렁텅이 속으로 빠뜨려 버리고, 사람들을 크게 상하게 합니다.

어떤 사람이 아들을 하나 낳아서 키우는데, 어떻게 된 일인지 백일이 지나도 곧추앉을 수가 없고 돌이 지나도 일어나 앉지조차 못했습니다. 그러면서도 먹을 것은 다 먹고 저 할 말은 다 했습니다. 그러면서 나이 15세가 넘도록 질펀히 누워 부모의 봉양을 받으며 살았습니다.

더구나 그 집은 가난하여 어머니가 엿을 받아다가 거리를 돌아다니며 행상을 했습니다. 그렇게 엿장사로 생계를 이었는데, 이상하게도 집에 갖다 놓은 엿이 자꾸 없어지는 것이었습니다. 장애인이지만 두 눈을 멀뚱하게 뜨고 누워 있는 아들이 집을 지키고 있는데 번번이 몇 가락의 엿이 사라졌습니다.

'아무래도 이상하다.'

하루는 어머니가 집을 비우는 체하고 숨어서 지켜보았습니다. 그랬더니 누워 있던 장애인 아들이 이불 속에서 노끈에 맨 장수하늘소를 꺼내는 것이었습니다. 아들이 노끈 한쪽 끝을 쥐고 장수하늘소를 벽에 붙이자, 먹을 것 냄새를 맡은 장수하늘소가 벽을 타고 기어올랐습니다.

선반 위의 엿그릇에 도착한 장수하늘소가 엿 한 가락을 저 먹을 양으로 끌어안았을 때, 아들은 조금씩 조금씩 줄을 당겼습니다.

장수하늘소는 엿을 놓을 수도 떨어질 수도 없어 남은 몇 개의 발로 벽을 기어 내려왔습니다. 장수하늘소가 가까이 왔을 때 장애인 아들은 엿을 빼앗아 베개 밑에 감추었고, 또다시 장수하늘소를 엿그릇으로 출장 보내는 것이었습니다.

여기까지 보고 있던 어머니는 방문을 열어젖히며 자신도 모르게 외쳤습니다.

"야, 이 도둑놈아!"

아들은 노끈을 놓으며 한숨을 푹 쉬었습니다.

"어머니, 그렇게밖에 말할 수 없습니까? 나도 얼마 안 있으면 일어나게 될 거고, 일어나면 일을 해서 세상을 살아가야 하지 않겠습니까? 그런데 겨우 자식에게 하시는 말씀이 '도둑놈'이라니요? '야 이놈아, 몸도 성치 못한 녀석이 어떻게 그런 지혜가 다 났노?'라고 말하면 발명가가 되는지 누가 알겠소?"

그러면서 눈물을 흘리는 것이었습니다. 아들은 자기가 한 말대로 오래지 않아 일어나서 앉았고, 곧이어 서고 걷기 시작하더니 여느 사람처럼 행동하게 되었습니다. 그리고는 어머니의 말 그대로 도둑이 되었습니다. 그 뛰어난 지혜로 도둑이 되었다가, 결국은 형장의 이슬로 사라진 것입니다.

§

세 치 혀는 때때로 이토록 무섭게 작용합니다. 과연 우리는 어떠합니까? 세 치밖에 안 되는 칼날을 밖으로 던져서 부모와 남편과 아내의 마음에 상처를 입히고, 아들과 딸과 주위 사람들에게 응어리를 만들고 있지는 않은지 반성을 해보십시오.

부처님의 법을 배우는 불자라면 내가 휘두르는 칼날이 우리 가정에 어떤 결과를 가져오고, 우리 가족들에게 어떤 결과를 가져다 줄 것인가를 생각할 줄 알아야 합니다.

한恨을 품게 하지 말라

또 하나 강조하고 싶은 것은 사람에 대한 한을 가슴 깊이 품지 말고 살라는 것입니다. 우리 불자들은 사랑 때문에 생긴 감정도 원한의 감정도, 가슴에 품지 말고 살아야 합니다. 왜냐하면 그 감정은 우리의 향상·발전·전진을 가로막기 때문입니다.

맺힌 원결은 쉽게 녹아내리지 않습니다. 깊은 참회나 철저한 수행, 크나큰 선업을 닦지 않는 이상에는 맺힌 원한이 풀어지지 않습니다.

절대로 '나'의 욕심 때문에 누구의 가슴에라도 한을 맺히게 하거나 원결이 맺히게 하지 마십시오. 죽어서도 곱게 죽지 못하는 경우까지 있습니다.

이와 관련하여 예전에 한 처사님에게 들은 이야기 한 편을 하겠습니다.

❀

처사님은 부잣집에서 태어나 일제강점기에 대학을 졸업하고 고급공무원을 지낸 분입니다. 현대식 교육을 받아서인지, 그분은 절에서 지내는 천도재薦度齋나 무당의 푸닥거리를 완전히 무시했습니다. 그리고 스님들에게도 거침없이 욕을 하곤 했습니다.

"후레자식들! 부모를 내버리고 산속에 들어가서 사는 놈들! 불효막심한 놈들!"

그리고 유가儒家의 풍속에 따라 집안의 예절, 조상들에 대한 제사, 산소 관리 등의 법도를 엄하게 지켰습니다. 하지만 처사님의 집안은 날이 갈수록 기울어만 갔습니다.

1990년경, 나는 경상남도 서쪽 지방으로 가던 길에 잠깐 처사님댁에 들렀습니다. 인사를 나누고 근황을 묻자 처사님은 말했습니다.

"요즈음, 나의 할머니 천도재를 지내는 중이오."

"그토록 불교를 못마땅하게 여기시면서 할머니 천도재라니요?"

"스님, 그 할머니는 내 나이 네 살 때 돌아가셨소. 할머니가 돌아가시기 전에 나는 할머니의 등에 업혀서 자랐지요. 그런데 내 나이 일곱 살 때 할머니의 묫자리가 나쁘다고 하여 이장을 하게 되었는데, 관 뚜껑을 열었을 때 너무나 충격적인 모습을 보았지요."

"무엇을 보셨습니까?"

"돌아가신 지 3년 만에 관을 열었는데 예순다섯의 나이로 돌아가신 할머니의 피부가 20대 아가씨의 피부처럼 주름살 하나 없이 팽팽한 것이었소.

파 뿌리처럼 하얗게 세었던 머리카락은 가발을 벗어놓은 것처럼 관 한쪽 옆에 소복하게 빠져 있고 새까만 머리가 새로 나 한 자 반이나 길어 있었소. 손톱·발톱도 한 뼘 이상 자랐고, 무시무시한 송곳니가 입 바깥으로 세 치 이상 나와 있었소.

영락없이 영화에서나 볼 수 있는 귀신의 모습이었지요. 게다가 임종 직후 감겨 드렸던 눈, 그 눈을 딱 부릅뜨고 계셨습니다."

처사님은 몸서리를 한번 치고 말을 이었습니다.

"그 모습을 보신 할아버지는 눈물을 흘리며 우셨습니다. 그리고 울부짖었습니다.

'여보, 할멈. 내가 잘못했소. 당신에게 참으로 못 할 짓을 했소. 사람의 도리가 어떤 것이고 어떻게 살아야 하는가를 몰랐던 젊은 시절에는, 내 배짱대로 하고 내 생각대로 하는 것이 옳고 바른 줄로만 알았소. 그것이 잘못 사는 것이라는 사실조차 몰랐소. 지금 와서 생각하니 당신에게 참으로 못 할 짓을 했소. 부디 용서하시구려!'

할아버지께서는 한참을 흐느끼며 참회하더니, 3년 동안 부릅뜨고 계셨을 할머니의 눈을 쓰다듬으며 말씀하셨지요.

'여보, 이제 모두 용서하여 가슴의 응어리를 풀고 하늘나라로 가시구려. 부디.'

그러자 할머니께서 스스로 눈을 감으셨다오."

"할아버지 내외분 사이에 어떤 사연이 있었는지요?"

"할머니 집안은 고종황제의 중전을 지낸 명성황후 집안으로, 경상남도 서부 쪽에서는 매우 세도를 떨쳤지요. 그 세도는 사윗감을 고르는 데에도 많은 영향을 끼쳤을 겁니다. 할머니 집안에서는, 다소 가세가 기울기는 하였으나 뼈대 있는 양반집안에다 재주 있고 건강했던 할아버지를 점찍어 강제로 결혼을 시켰답니다. 이것이 불행의 시작이었지요.

혼례는 치러졌고, 밤에 신랑이 신방으로 들어가는 것

은 주위 사람들이 분명히 보았는데, 바로 그 첫날밤에 신랑이 달아나 버린 것입니다. 그날 이후, 할머니는 남편도 없는 빈방에 살면서 시부모를 봉양하며 시집 살림을 했습니다.

내외간이면서도 한평생 남편과 한 차례의 잠자리는 커녕 한 방에 앉아 본 일도 없었던 할머니. 남편은 동네 한쪽 귀퉁이에 딴 집을 지어 다른 여자와 살고, 할머니는 남편이 살아 있는데도 청상과부 노릇을 하면서 살았습니다. 그나마 딴 여자와의 사이에서 생겨난 아이를 맡아 기르게까지 하였으니…. 할머니의 가슴에 얼마나 큰 한이 맺혔겠소.

내 나이 팔십이 넘었는데도 자꾸만 일곱 살 때 본 할머니의 시신 생각이 나서 천도재를 올리고 있다오."

☙

원한은 결코 맺지 않는 것이 좋습니다. 그리고 맺은 것이 있다면 참회로써 풀어야 합니다. 나의 잘못을 인정하고 참회하면서 상대가 행복하기를 축원하게 되면 맺힌 것들이 차츰 풀어집니다.

만일 내가 남에게 한을 심어 준 것이 있다고 생각되면 지금 풀어주십시오. 수십 년, 수백 년, 맺힌 한은 기회 있을 때마다 우리의 앞길을 막는 장애가 되지만, 불성을 주춧돌로 삼아 상대를 위해 기도하면 반드시 맺힌 한을 풀어 줄 수가 있습니다.

응어리가 풀릴 때

불교는 법당에 모셔진 부처님을 믿는 종교가 아니라, 불성을 주춧돌 삼아 스스로가 부처님이 되는 종교입니다. 만일 우리들 스스로가 부처님이 되고자 한다면 무엇보다 먼저 가슴에 붙은 응어리가 떨어져 나가야 합니다.

응어리는 두고두고 우리의 앞길을 가로막습니다. 자칫 잘못하면 죽을 때까지 그 응어리를 달고 가서 내생까지 그릇되게 만들어 버립니다. 죽음과 내생!

결국 불교에서도 가장 문제로 삼는 것은 죽음입니

다. 죽음. 우리에게는 죽음이 오지 않을 것 같습니까? 아닙니다. 우리는 모두가 죽게 되어 있습니다.

그럼 죽은 다음의 세계는 어떻게 전개되는가?

마음을 모아 내생의 자기 모습을 생각해 보십시오. 죽은 다음에 '나'와 함께 하는 것은 업業뿐입니다. 가족도 친척도 명예도 돈도 아닙니다. 오직 스스로가 지은 업뿐입니다.

이 자그마한 몸뚱어리로 저지른 업이 남아서 지금 우리에게, "네가 언제 요렇게 빚진 것을 갚아라", "네가 어느 때 요렇게 했던 짓을 갚아라"고 요구합니다. 곧 전생의 업이 오늘날의 불행이 되어 우리를 괴롭히는 것입니다.

지금 이 글을 읽는 분들은 거의가, 금생에 이 몸을 받은 다음부터 크게 나쁜 짓도 몹쓸 짓을 하지도 않았을 것입니다.

그런데도 참으로 이상합니다. 이 세상에 태어나 나쁜 짓을 하지 않고 양심을 지키며 살려고 하는데 왜 우리들 곁에는 불행이 끊이지 않을까요? 왜 고난이 계속되고 마음 편히 살지를 못할까요?

이 모두가 전생에 맺어 놓은 응어리와 전생의 빚덩이 때문입니다. 전생에 몸과 말과 생각으로 저질러 놓은 응어리를 풀고 빚을 갚느라 힘들어하고 고민을 하는 것입니다.

불자들 중에도 점을 보러 가는 사람이 많습니다. 그런데 무당들은, "집안의 윗대 어떤 어른이 씌힌다. 객지에 가서 죽은 누가 있다. 젊어서 자살한 이가 보인다. 그래서 집안이 안 풀려!" 하면서 굿하기를 권합니다.

하지만 응어리는 굿으로 해결되는 것이 아닙니다. 우리들 스스로가 맺은 응어리는 우리들 스스로가 풀어야 합니다. 스스로 풀지 않고 굿에만 의지하면 또다시 "죽은 귀신 때문에 못 살겠다"는 소리가 나오게 됩니다.

가슴속의 응어리는 반드시 떨어져 나가야 합니다. 그 응어리를 없애기 위해서는 부지런히 염불하고 기도를 해야 합니다. 실제로 염불을 하거나 기도를 하거나 참선을 해 보십시오. '나모라 다나다라…'나 '관세음보살'을 외우고 있는 동안에는 최소한 지극히 모진 생각이나 독한 생각은 일어나지 않을 것입니다.

그릇된 남편, 괘씸한 아내에게 한바탕 퍼붓고 싶어도 '관세음보살'을 하고 있는 동안에는 싸움을 하지 않을 것입니다. 기도를 하는 중에도 불쑥불쑥 야속함과 괘씸한 생각은 일어나겠지만, '나모라 다나다라…'나 '관세음보살'을 하고 있는 동안에는 마음이 많이 가라앉고 응어리가 떨어져 나갑니다.

그런데 염불도 기도도 하지 않고 맞부딪쳐 보십시오. 상대에 대한 얄미움과 야속함과 괘씸함이 죽 끓듯이 일어나게 되고, 마침내는 지옥과도 같은 삶에 빠져들게 됩니다. 결국 상대가 나를 배신했다며 원망을 키워가면, 응어리도 갈수록 더욱 커질 뿐입니다.

왜 우리는 불행의 응어리를 키우며 살아갑니까? TV나 라디오가 듣기 싫고 보기 싫으면 채널을 다른 곳으로 돌리거나 꺼 버릴 줄 알면서, 우리 마음의 채널은 왜 돌릴 줄 모릅니까?

마음의 채널을 욕망·욕심·감정에 맞추고 있으면 잘못된 응어리를 맺지 않을 수가 없습니다. 전생에도 욕심 때문에 잘못을 저질렀고, 지금도 마음의 채널을 욕심·욕망·감정에 맞추고 있으니 "악연이여! 죄업이여!

불행이여! 모두 나에게 오라"고 하는 것과 무엇이 다르겠습니까?

부디 마음의 채널을 기도·염불·참선·독경·사경 쪽으로 돌리십시오. 그렇게 하면 응어리가 풀어지고 불행은 스스로 비켜 갑니다. 이 원리를 모르고 어떤 이들은 이렇게 이야기합니다.

"불교? 뭘 알아야 믿지. 경전은 모두 한문이고, '나모라 다나다라…'는 또 무슨 소리인지."

그렇다면 부모에게 효도를 해야 하고 부부가 화합을 해야 하고 형제간에 우애가 있어야 한다는 것을 몰라서 부모의 마음을 상하게 하고 부부가 갈라서고 형제끼리 돈 몇 푼 때문에 원수처럼 싸우는 것입니까? 아닙니다. 알면서도 실천을 못 하는 것이 중생입니다.

이러한 중생이기에 억지로라도 염불을 하고 기도를 하라는 것입니다.

몰라도 '나모라 다나다라'를 하고 '관세음보살'을 외우고 있는 동안에는 죄를 짓지 않습니다. 염불과 기도에 마음을 안착시키면 불행은 오지 않습니다. 욕망과 감정에 마음이 움직이지 않으면 결코 불행한 응어리가 자리를 잡지 못합니다.

그리고 열심히 기도하고 염불하고 참선하고 독경하고 사경을 하여 마음속의 응어리가 완전히 풀어지면 해탈하게 됩니다. 곧 도를 깨닫고 진리를 깨닫게 되는 것입니다.

흔들리지 않는 마음

'관세음보살'을 하든 '지장보살'을 하든 '나모라 다나다라…'를 하든 '이 무엇고'를 하든 사경 독경을 하든, 열심히 몰아붙여서 삼매三昧에 들어 보십시오. 쉽게 말해 정신통일을 이루어서 힘을 얻고, 모든 분별과 망상이 딱 떨어진 경지를 체험하게 되면 한없이 좋은 기운이 생겨나게 됩니다.

실로 모든 것은 우리의 마음이 만들어 냅니다. 그야말로 일체유심조一切唯心造입니다. 문제는 '나'의 마음이 흔들리느냐 안 흔들리느냐에 있습니다.

나는 재가불자들에게 '남편의 술주정'에 대해 자주 이야기합니다. '술은 바깥양반이 마셨는데 왜 엄마들이 술주정을 하느냐'고 합니다. 이것이 무슨 뜻인지 알아 듣겠습니까?

남편이 술을 마셨으니 술주정은 당연히 남편이 해야 할 것인데, 집안을 시끄럽게 만들고 야단법석을 떠는 것은 오히려 아내의 세 치 혀입니다. 아내의 불만스러운 마음이, 언짢은 기분이 입으로 솟아 나와 온 집안을 거꾸로 뒤엎어 놓는 것입니다. 진정으로 남편의 술버릇을 고치고 싶다면 아내가 흔들리지 말아야 합니다.

모든 풍파는 '나'에게서 비롯됩니다. 내가 먼저 흔들리기 때문에 일어납니다. 결코 다른 사람이 풍파를 만드는 것이 아닙니다. 따라서 내 마음이 흔들리지 않으면 모든 풍파는 저절로 가라앉습니다.

결국 내 마음의 동요가 이 세상의 길흉화복을 만들고, 내 마음이 동요되지 않으면 나와 내 주변에 평화가 깃들게 됩니다. 참으로 평화롭고 행복하게 살고자 한다면 마음이 움직이지 않는 자리로 돌아가야 합니다.

중국의 조과도림鳥窠道林선사는 날씨가 맑은 날이면 높은 나무 꼭대기에 앉아 참선을 하였습니다. 항주의 자사로 부임한 백낙천白樂天은 스님의 명성을 듣고 찾아갔다가, 스님께서 나무 꼭대기에 앉아 끄덕끄덕 졸고 있는 것을 보고 소리쳤습니다.

"앗, 위험하다. 위험해."

그러자 도림선사도 맞고함을 쳤습니다.

"앗, 위험하다. 위험해."

"저야 두 다리로 대지를 버티고 서 있는데 위험할 리가 있습니까?"

"한 생각 일어나고 한 생각 꺼지는 것이 생사生死요, 한 번 숨을 내쉬고 한 번 숨을 들이쉬는 것이 생사이다. 생사의 호흡지간에 사는 사람이 어찌 위태롭지 않다고 하느냐?"

백낙천은 스님의 도력道力에 놀라 공손히 절을 올리고 가르침을 청했습니다.

"어떤 것이 도입니까?"

"모든 악을 짓지 말고 착한 일들을 받들어 행하여라

〔諸惡莫作 衆善奉行〕.”

“그것은 세 살 먹은 아이도 다 알고 있지 않습니까?”

“세 살 먹은 아이도 다 아는 이야기지만, 팔십 노인
도 행하기는 어려운 일일세.”

§

나무 위의 도림선사 말씀처럼, 발바닥이 땅에 붙어
있다 하여 편안해지는 것은 아닙니다. 마음이 제자리에
있지 못한 채 흔들리고 있으면 불안하기 짝이 없습니
다. 잠시도 제자리에 놓여 있지 않은 이 마음의 흔들림
은 우리의 가정과 사회에 불평과 불만과 불행을 가져
다줍니다.

실로 마음이 동요하면 악이 쑥대밭처럼 일어나지만,
마음에 흔들림이 없으면 모든 선행善行을 이루어 낼 수
가 있습니다. 그리고 마음에 동요가 없으면 우리를 답
답하게 만드는 응어리 등이 저절로 떨어지면서 평화가
스스로 찾아옵니다.

거듭 이야기하지만 불교는 법당 안에 계신 부처님을
믿는 종교가 아닙니다. 우리들 자신을 끝없이 향상시

키고 발전시키는 것이 불교입니다.

부디 만 3년을 작정하고 염불·주력·참선·독경·사경 중에 하나를 택해 부지런히 정진하십시오. 틀림없이 번뇌망상에 동요됨이 없는 마음의 주춧돌을 놓을 수 있게 됩니다. 그리고 마음을 잘 모아 분명한 깨달음을 이루거나 삼매를 이루게 되면, 모든 기적이 거기에서 일어나게 됩니다.

우리가 평생토록 얽매여 살고 있는 욕망·욕심·감정의 세계를 벗어나 해탈을 할 수도 있고, 육도윤회六道輪廻를 끊어 버릴 수도 있고, 전생의 빚덩이를 떨쳐 버릴 수도 있습니다. 거듭거듭 생활 속의 정진을 당부 드리고, 또 축원 드립니다.

나무마하반야바라밀.

Ⅲ

불자의 축원

축원하며 사는 불자

참다운 축원

요즈음 우리나라 사찰에서는 기도법회가 크게 성행하고 있습니다. 많은 불자들이 법회에 참석하여 법당의 부처님 앞에서 남편과 아내, 부모와 자식을 위해 축원을 합니다.

"부디 건강하고 하는 일마다 이루어지이다…."

이렇게 축원을 하면서 정성껏 절하고 정성껏 기도합니다. 마음을 가다듬어 축원하고 기도합니다. 정말 좋은 현상이라 하지 않을 수 없습니다. 하지만 이와 같은 축원이 법당에서만 이루어져서는 안 됩니다.

부처님 앞에서 하였듯이, 일상생활 속에서도 축원은 한결같이 이루어져야 합니다. 남편이나 아내가 실수를 하든, 아들딸들이 엉뚱한 짓을 하든, 언제나 "부디 건강하고 하는 일마다 이루어지이다"라는 축원을 할 수 있어야 합니다.

정녕, 참된 출가승려라면 '모든 중생을 위해 축원을 하면서 사는 것이 나의 일'이라는 말이 자연스럽게 나올 수 있어야 하고, 재가불자라면 어디에 있더라도 '아들딸·남편·아내를 위해 축원을 하면서 산다'는 말을 할 수 있어야 합니다. 소박한 예를 하나 들겠습니다.

❀

일제강점기에 있었던 일입니다. 지금의 경상북도 김천시 구성면 옴팽이마을에서 농사를 짓고 살았던 김재선金在善은 편모슬하에서 자란 5남매 중 장남으로 효심이 매우 깊었습니다. 그런데 어머니가 갑자기 돌아가셔서 비통한 마음으로 장례를 치렀습니다.

그로부터 얼마 뒤, 집에서 기르고 있던 암캐가 새끼

를 배어 강아지 네 마리를 낳았습니다. 한 마리가 유독 잘생겨 집안 사람들이 애지중지하게 되었고 강아지도 매우 잘 따랐는데, 어느 날 김재선의 꿈에 돌아가신 어머니가 나타나 말했습니다.

"내 아들 재선아, 네가 애지중지하는 그 강아지가 이 에미의 후신이란다. 생전에 못 이룬 두 가지가 미련으로 남아 너희 집 강아지로 태어났으니, 못 다 이룬 소원을 꼭 이루어 주기 바란다."

"어머니, 그 소원이 무엇입니까?"

"첫 번째 소원은 서울에서 부산 가는 철도가 생긴 지 오래되었는데도, 나는 너희 5남매를 기르느라 한번도 타 보지 못하였다. 그 기차를 한번 태워 다오.

두 번째 소원은 해인사 구경을 하는 것이다. 이 동네를 비롯한 아래 윗동네 할머니들 모두가 해인사를 구경하였는데, 이 에미만 가 보지를 못했구나. 네가 이 에미를 데리고 합천 해인사로 가서 팔만대장경을 친견할 수 있도록 해 주면 한이 없겠다."

꿈속의 부탁이었지만 김재선은 어머니의 간곡한 부탁을 들어 드리지 않을 수가 없었습니다. 이튿날 김재선은 강아지를 안고 김천 역으로 나갔습니다. 영동역으로 가는 기차표를 산 뒤 기차를 타기 위해 기다리고 있을 때, 철도역 직원이 말했습니다.

"열차에는 개를 태울 수 없습니다."

"사정이 있어 이 개와 꼭 함께 가야 합니다."

이렇게 옥신각신하는 사이에 기차가 와서 정차하였고, 강아지는 쏜살같이 기차 안으로 뛰어들어가 의자에도 앉아 보고 사방을 두루 살펴본 다음, 기차가 떠나려 하자 얼른 뛰어 내려왔습니다. 김재선은 승무원 때문에 하는 수 없이 집으로 돌아왔는데, 강아지는 오히려 아주 좋아하는 모습이었습니다.

며칠 뒤, 김재선은 강아지와 함께 합천 해인사로 갔습니다. 해인사 경내에 들어서자 강아지는 여기저기를 둘러보면서 깡충깡충 뛰며 기뻐하였고, 큰 법당 작은 법당을 두루 데리고 다니자 문밖에서 넙적 엎드리며 참배를 하는 것이었습니다.

이윽고 팔만대장경판을 모신 장경각에 이르렀고, 스님이 개가 들어가는 것을 저지했습니다. 그런데 장경각 안에 있던 사람이 나오기 위해 문을 조금 열자 순식간에 장경각 안으로 들어갔고, 날쌔게 요리조리 빠져 다니며 대장경판을 모두 구경하는 것이었습니다.

그렇게 대장경판을 구경한 강아지는 그날 밤에 죽었고, 어머니는 다시 현몽하였습니다.

"소원을 풀어준 네 덕분에, 이제 모든 미련을 풀고 천상락天上樂을 받게 되었단다.

재선아, 나는 너희 5남매를 키울 때 오로지 '내 잘못이 자식들에게 불행이 되어서는 안 된다'는 마음으로 살았다. 내가 특별히 좋은 일을 하겠다고 결심하며 산 것은 아니다. '내 잘못이 내 자식들에게 불행의 씨앗이 되어서는 안 된다'는 마음으로 살다 보니, 자연히 조심을 하게 되었고, 다른 사람에게는 악한 짓이나 모진 짓을 하지 않게 되었다. 그래서 천상에 태어나게 된 것이다.

재선아, 부디 이 말만은 명심하고 살아라. 이제 이 에미는 좋은 나라로 간다."

8

김재선의 어머니는 학교의 문턱도 밟아 보지 못했지

만, 한평생을 '내 잘못이 자식이나 손자에게 재앙의 씨앗이 되어서는 안 된다'는 마음으로 살았습니다. 이것이 바로 축원입니다. 이와 같은 축원 덕분에 살아생전에 못다 한 두 가지 소원이 풀리자 곧바로 강아지의 몸을 버리고 천상에 태어나게 된 것입니다.

그런데 우리들은 어떻습니까? '우리 자식들에게 불행의 씨앗이 되는 짓만은 결코 하지 않겠다'는 등의 원을 간직하고 있습니까?

혹, 나의 욕망 충족을 위해 자식을 키우고 있지는 않습니까? 한 생의 편안함과 생존 수단으로 부부가 되어 살고, 나의 뜻에 맞추어 자식을 키우며 사는 것은 그저 내 욕심을 채우기 위해 사는 것에 불과합니다.

법당의 부처님 앞에서는 가족을 위해 열심히 기도하면시, 집에서는 남편·아내·아들딸이 '나의 욕심처럼 되지 않는다'며 화를 내고 토라지고 꾸짖고 산다면, 참다운 축원을 하고 축원 속에서 살아가는 불자는 결코 아닙니다. 오히려 두고두고 후회하고 내생에까지 고통을 받는 좋지 않은 인연을 맺게 될 수밖에 없습니다.

이 삶은 빚덩이 주고받기

정녕 우리는 배짱대로, 기분대로, 생각대로 행동해서는 안 됩니다. 말과 행동을 하기 전에 '이것이 내 욕심을 채우려고 하는 것이 아닌가?'를 먼저 생각해 보아야 합니다. 욕심을 앞세우고 감정을 앞세워서, 기분대로 생각대로 배짱대로 해 버리면 반드시 후회와 한을 남기게 됩니다.

결코 '나'를 중심에 두지 마십시오.

이 세상을 내 욕심 채우는 쪽으로 살아서는 아무것도 되는 일이 없습니다. 나의 욕심을 충족시키는 것을 '행복'으로 생각하면 내외간의 화합도 부모자식 사이의 사랑도 집안의 번창도 기대할 수 없습니다.

과연 나란 무엇입니까? 몇 년 몇 월 며칠 몇 시에 박 아무개라는 아버지와 김 아무개라는 어머니 사이에서 태어난 나는 과연 어떠한 나입니까?

우리는 아득한 옛적부터 수많은 몸을 받으며 윤회輪廻를 거듭해 왔습니다. 수십 생을 천인으로 살았다가, 수백 번 짐승이 되었다가, 수천 번 남자도 되고 여자도 되고 부모도 되고 아들도 되고 형도 되고 아우도 되었습니다. 그 무수한 생애를 통하여 우리는 갖가지 버릇, 갖가지 용심用心을 키우며 살았습니다.

그렇다면 지금의 나는 무엇입니까? 수많은 생애 동안 익혔던 버릇과 용심으로 똘똘 뭉쳐져 있는 것이 바로 지금의 나입니다. 따라서 지금의 나에게서는 천인 때의 행동도 터져 나오고 짐승 시절의 버릇도 터져 나옵니다. 인간으로 살면서 얽히고설키고 가슴에 못이 박히고 서로 해치고 못살게 굴었던 행동과 마음씀씀이가 수시로 바깥으로 표출됩니다.

겉모습만 지금의 모습과 같은 사람의 가죽을 덮어썼을 뿐, 대부분 전생의 버릇과 용심에 지배를 받으며 살아가고 있습니다. 이러한 나를 진짜 '나'라고 할 수 있습니까? 절대로 아닙니다. 실재하는 지금의 나는 아무것도 없습니다. 그래서 부처님께서 '무아無我'다, '공空이다' 하신 것입니다.

그러므로 지금 우리가 참으로 잘살기 위해서는 과거의 얽히고설킨 인연, 서로가 맺은 응어리를 풀어야 합니다. 나 중심의 생각과 말과 행동으로 맺은 인연과

응어리를 풀어야 하고, 풀기 위해서는 나의 욕심을 채우려 해서는 안 됩니다. 내 한 몸만 편안하려 해서도 안 됩니다.

인연 있는 분들을 어떻게 편안하게 해 드리고, 어떻게 받들어 드리고, 어떻게 저분들에게 이바지해 드릴까를 생각하고 실천하는 속에서 기쁨과 보람을 느끼며 살아야 합니다. 그렇게 살면 과거의 얽히고설킨 것은 저절로 풀어지고 현재의 삶도 편안해집니다.

절대로 나의 욕심에 기준을 두고 살지 마십시오. 아내가 내 마음에 들지 않는다고 하여 외면해서는 안 됩니다. 남편이 나의 욕심을 충족시켜 주지 못한다고 하여 바가지를 긁어서는 안 됩니다. 자식이 나의 뜻과 같이 움직여 주지 않는다고 하여 욕하고 때려서는 안 됩니다.

오히려 그때 자신을 돌아보고, 그들을 위해 축원을 해 줄 수 있어야 합니다.

업과 윤회의 결과로 이루어진 현상계는 나라고 할 것이 아무 것도 없는, '공중에 떠 있는 상태'와 다를 바가 없습니다. 어찌 지금 또다시 나의 욕심으로 그릇되게 살아, 더 모질고 고약한 인연을 맺을 것입니까?

🏵

오래전 서울 사당동 관음사에 있을 때 만난 할머니 이야기입니다. 당시 나의 법회에 빠짐없이 참석하였던 그 할머니는 29세에 과부가 되었습니다. 아들딸 5남매를 남겨두고 남편이 저세상으로 가 버린 것입니다.

그녀는 하늘이 무너지고 땅이 꺼지는 듯하여, 모든 의욕을 잃고 멍청한 상태로 죽은 듯이 살았습니다. 금쪽같은 아들딸 5남매도 눈에 들어오지 않았습니다.

"그때 친정어머니의 자상한 보살핌이 없었다면…."

그녀는 눈물을 흘리며 친정어머니가 없었다면 자신도 자식들도 삶을 부지할 수 없었을 것이라고 회고했습니다.

"당시 아이들은 모두 어렸습니다. 엄마인 제가 넋이 빠져 있었으니, 제 발로 다닐 수 있는 아이는 배가 고프다며 돌아다니다가, 도둑질을 하였을지 고아원에 갔을지 교통사고로 죽었을지 모르는 일이고, 제 발로 걷지 못하는 젖먹이는 굶어 죽었을 것입니다. 그런데 친정어머니께서 아이들을 모두 보살펴주셨어요. 저도 마찬가지였습니다.

'이것아, 제발 한 숟가락만 떠라.'

'죽으려고 그러느냐? 제발 좀 먹어라.'

친정어머니의 그 성화 덕분에 한 숟가락 두 숟가락 먹고 살아났습니다."

그렇게 한고비 한시름을 넘기고 나자 한 생각이 그녀의 가슴에 꽉 맺히는 것이었습니다.

'이 사람이 무엇 때문에 5남매라는 큰 짐 덩어리를 나에게 남겨 놓고 가 버렸을까? 도대체 왜?'

앉으나 서나 잠을 자거나 깨어 있거나 가슴에 이 의문이 맺혀 떠나지를 않는 것이었습니다. 하지만 의문은 풀리지 않았습니다. 도저히 그 까닭을 알 수도 이해할 수도 없었습니다.

그런데 만 3년이 지난 어느 날 아침, 전생의 일이 확연히 되살아나는 것이었습니다. TV 화면을 보듯이 모든 영상이 눈앞에 펼쳐져 차례대로 지나가는 것이었습니다. 순간 그녀는 깨달았습니다.

'아, 내가 그렇게 했기 때문에 지금 이렇게 과보를 받는구나. 이 아이 다섯을 홀로 키우는 것은 지금의 내 책임이다. 지금 다시 이 책임을 회피하면 다음에 더 큰 짐 덩어리가 온다.'

자신의 업을 깨달은 그녀는 그날부터 열심히 자식들을 키웠습니다. 갖은 고생, 모진 고통을 감수하면서 최선을 다했습니다. 그야말로 몸 파는 일만 빼놓고는 할 수 있는 모든 일을 했습니다. 마침내 그녀는 아들 셋, 딸 둘을 모두 박사로 키웠습니다.

그녀는 법회가 끝나면 곧바로 집으로 돌아갔습니다. 꼭 한마디 인사말을 남기면서.

"스님, 빚덩이가 아직 남았어요."

⚓

이 세상은 빚덩이를 주고받는 현장입니다. 배구를 할 때 이쪽에서 공을 치면 저쪽에서 받아넘기고, 저쪽에서 공을 넘기면 이쪽에서 다시 살려 넘기듯이, 세상살이의 빚덩이도 끝없이 오고 갑니다.

지나간 시절, 부모·배우자·형제·친구에게 빚덩이를 짊어지게 하였으면 지금 나에게 와서 떨어지고, 지금 또 빚덩이를 던져 놓으면 거기에 이자가 붙어 더 큰 멍에가 나에게로 떨어집니다.

눈을 뜨고 보면, 이 세상은 그야말로 빚덩이 떠넘기기의 현장입니다.

"스님, 빚덩이가 아직 남았어요."

인연법에 눈을 뜬 서울 할머니는 법회가 끝나면 곧바로 집으로 돌아가 남은 빚을 갚았습니다. 청소도 하고 손자도 돌보고 집안 살림도 보살폈습니다. '나'의 욕심에 사로잡히지 않고 빚을 갚으면서, 끝없이 전진하고 향상된 삶을 살았습니다.

모두를 살리는 축원

우리는 정녕 눈을 뜨고 살아야 합니다. 상대가 나에게 얼마나 고맙게 해주는가에 대해 눈을 떠야 하고, 이 집안이, 이 사회가, 이 대우주가 나에게 얼마나 고맙게 해주는가에 대해 눈을 떠야 합니다. 그리고 그 고마움에 대해 보답하는 자세로 살아야 합니다.

결코 '나'의 욕심을 채우며 살려고 해서는 안 됩니다. 이 우주에는 한없는 영광과 무한의 행복이 가득차 있지만, '나'의 욕심이 그 영광과 행복을 차단시켜 버립니다. 욕심이 눈앞을 가려 '돈 돈 돈, 출세 출세 출세, 행복 행복 행복' 하면서 사는 것이 우리입니다.

하지만 눈앞을 가리고 있는 욕심을 벗겨 보십시오. 우주에 가득차 있는 영광과 행복이 저절로 찾아듭니다. 눈을 뜨면 대우주의 무한한 영광과 행복이 나에게로 다가옵니다.

우리 중생들은 크게 열려 있는 대우주의 무한한 영광과 행복을 나의 욕심과 감정으로 거절해 버립니다. 그리고는 '돈 돈 돈, 출세 출세 출세, 행복 행복 행복'을 노래하며 욕심을 더욱 부채질합니다. 스스로 눈을 감고 있으면서 나에게 오지 않는다고 앙탈을 부립니다. 빚을 갚는 자세로 살기보다는 나라고 하는 고약한 욕심을 더욱 키우며 살기 때문에 우주의 무한한 영광과 행복이 멀리멀리 달아나 버리는 것입니다.

부디 욕심과 감정을 버리고 눈을 똑바로 뜨십시오.

내 가슴에 얽힌 '나'와 '남'의 벽을 무너뜨리고 주위의 분들을 돌아보십시오. 그분들이 나에게 얼마나 고맙게 해주는가를 분명히 보십시오. 그리고 그분들을 향해 "고맙습니다", "감사합니다" 하면서 보답하는 자세로 살아가십시오.

이렇게 살면 우리의 마음은 편안해집니다. '나'의 마음이 편안해지면 집안도 편안해지고, 무한의 행복과 영광이 저절로 쏟아져 들어오게 되어 있습니다.

인연 속에서 다가오는 이들을 모두 포섭할 만큼 넓게 마음을 쓰면, 지나간 시간의 고약한 인연줄이 끊어지고, 지나간 시간의 빚덩이가 풀어지면서, 지금부터의 앞날은 참으로 평화롭고 행복하게 펼쳐집니다.

실로 바르고 넓게 마음을 쓰면 축원은 저절로 나옵니다. 김재선의 어머니처럼, '자식들에게 재앙의 씨앗이 되어서는 안 된다'는 바른 마음으로 살고, 가족과 이웃에 감사하면서 살 때 축원은 저절로 나옵니다.

축원! 우리가 감사를 하면서 축원을 하는 그 마음가짐이 바로 아뇩다라삼먁삼보리, 곧 무상정등정각無上正等正覺의 마음입니다. "내 남편, 내 아내, 아들딸들이 건강하고 모든 일이 이루어지게 하소서" 하는 그 축원이 무상정등정각의 마음입니다.

문제는 이러한 착한 마음, 좋은 마음, 바른 마음을 계속 유지하는 데 있습니다. 축원하는 마음을 한결같이 유지시키기만 하면 저절로 행복이 깃들고, 마침내는 '부처'를 이룰 수 있습니다. 그럼 일상생활 속에서 어떻게 축원을 하며 살 것인가?

❀

수원의 홍보리심洪菩提心보살은 고등학교 교사로 있는 분과 결혼하여 아들딸 넷을 기르며 살았습니다. 보리심보살은 남편의 많지 않은 봉급으로 여섯 식구를 먹여 살리고 아이들 교육을 시키느라, 20년 동안 새 옷 한 벌 해 입지 못하였고, 점심도 거의 굶다시피 하며 살았습니다.

불심이 깊었던 그녀는 시간이 나면 절에 가서 부처님을 참배하며 고달픈 삶을 달래었는데, 어느 해 정월 대보름날 서울 정법사에 갔다가 한 신도가 부처님 전에 쌀 두 가마니를 보시하는 것을 보았습니다. 그것이 그렇게 부러울 수 없었습니다.

그러나 쌀 한 되 따로 살 형편이 되지 않았던 보리심보살로서는 어쩔 수 없는 노릇이었습니다. 그런데 문득 한 생각이 떠올랐습니다.

'우리 가족의 밥을 지을 때마다 쌀 한 숟가락씩만 덜어내어 따로 모으자. 그것을 부처님께 바쳐야지.'

그날부터 보리심보살은 가족 한 사람의 쌀 한 숟가락씩을 덜어 봉지에 담으면서 축원을 올렸습니다. 그리고 한 달 모은 쌀을 부처님전에 바쳤습니다.

그런데 묘한 일이 일어났습니다. 그 이후로는 양식 때문에 고생하는 일이 없어졌습니다. 남편의 일도 잘 풀렸고, 자식들도 모두 대학을 나와 결혼하고 아들딸 낳아 아무런 탈없이 잘살게 되었다는 것입니다.

&

수원의 보리심보살처럼 정성이 깃든 공양미, '나'의 축원이 깃든 공양미를 부처님 전에 올릴 때 복덕이 함께 갖추어집니다. 복덕은 물질로만 이루어 내는 것이 아닙니다. 정성이 깃들어야 합니다. 돈이 있다고 하여 불사佛事에 마구 돈을 희사하기보다는, 정성이 깃들고 축원이 깃든 돈을 바쳐야 합니다.

오히려 평소에 불사에 쓸 돈을 모으십시오. 가족이 셋이면 셋, 넷이면 넷, 한 사람당 5백 원이라도 좋고 천 원이라도 좋습니다. 형편대로 쉽게 할 수 있는 액수를 정하여 돼지저금통에 넣으십시오.

절대로 그 돈을 그냥 넣지 마십시오. 남편 몫으로 돈을 넣으면서 남편을 축원해 드리고, 아들 몫으로 돈을 넣으면서 아들을 축원해 주고, 딸의 몫으로 돈을 넣으면서 딸을 축원해 주고, 내 몫으로 돈을 넣으면서 내 축원을 하십시오

백 원짜리라도 좋으니 잊지 말고 저금통에 넣으면서 꼭 축원하십시오. 정성껏 축원을 하십시오. 그 축원이 무한공덕을 이루어 반드시 좋은 열매를 맺게 합니다.

그리고 모은 돈으로 불사를 하십시오. 스님에게 드려서 불사에 쓰도록 하여도 좋고, 법공양에 사용하여도 좋고, 가난한 친척이나 이웃에게 주어도 좋습니다. 그 모두가 깨달음을 이루는 불사, 깨달음의 밑거름이 되는 불사입니다.

반드시 이렇게 해 보십시오. 이렇게 불사를 하고 축원하는 집안에는 절대로 재앙이 찾아들지 않습니다. 하는 일도 실패하지 않습니다.

마음가짐이 틀렸고 실천이 틀렸을 때는 파도가 거세게 일어나지만, 올바른 마음가짐으로 꾸준히 실천하는 사람에게는 절대로 파도가 일어나지 않습니다.

집안에서 독경·사경·절·염불 등의 기도를 할 때도 축원하기를 잊지 마십시오. 밥을 먹을 때도, 절에 가서 불전을 넣을 때도 꼭 가족 축원을 하십시오. 매일매일 축원을 하면 그 축원이 맹세코 내 원이 되고, 그 축원이 나의 마음을 채찍질하고 가족을 살리는 힘이 됩니다.

축원! 그것은 곧 정진精進입니다. 부디 곁에 있는 분들의 고마움을 깨닫고, 그분들을 위해 축원하면서, 기쁨을 행복을 보람을 찾으시기 바랍니다.

나무마하반야바라밀.

IV

고난과 바라밀

괴로움을 벗어나려면

우리네 삶

우리는 불자佛子입니다. 부처님의 제자입니다. 부처님의 제자라면 첫출발과 끝을 '마하반야바라밀摩訶般若波羅蜜'에 두어야 합니다. 마하반야바라밀을 이루겠다는 마음을 발하는 것이 불자의 첫출발이요, 마하반야바라밀을 성취하는 것이 불자의 구경究竟이기 때문입니다.

그러므로 우리 불자들은 의식적으로든 무의식적으로든 늘 '마하반야바라밀'이라는 단어를 생각하며 살아야 합니다. 왜냐하면 '마하반야바라밀'을 잊어버릴 때 우리들의 생활이 불자로서의 삶이 아닌 엉뚱한 방향으로 흘러가기 때문입니다.

마하반야바라밀….

이 단어의 뜻은 대부분의 불자들이 잘 알고 있으므로 자세히 설명하지 않겠습니다. 다만 이 말 속에 깃든 의미를 한마디로 요약하면, '넓고 밝은 마음으로 살면서 향상向上한다, 전진한다'는 것입니다. 늘 넉넉한 마음으로 살면서 지금보다는 한 시간 후가 낫고 오늘보다는 내일이 낫고 올해보다는 내년이 나아야 한다는 뜻입니다.

이제 스스로에게 물어보십시오.

과연 우리는 넓고 밝은 마음으로 살고 있습니까?

향상의 시간 속에서 살아가고 있습니까?

'그렇다'고 자신 있게 답할 수 있는 분은 그렇게 많지 않을 것입니다. 오히려 하루하루가 괴롭고 허전할 뿐이라고 답하는 분이 많을 것입니다.

이 산승 또한 마찬가지입니다. 나 역시 다른 불자들처럼 참된 불자가 되려고, 좀 더 향상하려고 노력하는 중생일 뿐입니다.

그럼 어떤 이가 향상의 길을 걷고 마하반야바라밀의 삶을 살 수 있게 되는가?

관자재보살이 깊은 반야바라밀을 향할 때 오온 이 공함을 비추어 보고 일체고액을 다 건넜느니라

〔<ruby>觀<rt>관</rt></ruby><ruby>自<rt>자</rt></ruby><ruby>在<rt>재</rt></ruby><ruby>菩<rt>보</rt></ruby><ruby>薩<rt>살</rt></ruby> <ruby>行<rt>행</rt></ruby><ruby>深<rt>심</rt></ruby><ruby>般<rt>반</rt></ruby><ruby>若<rt>야</rt></ruby><ruby>波<rt>바</rt></ruby><ruby>羅<rt>라</rt></ruby><ruby>蜜<rt>밀</rt></ruby><ruby>多<rt>다</rt></ruby><ruby>時<rt>시</rt></ruby> <ruby>照<rt>조</rt></ruby><ruby>見<rt>견</rt></ruby><ruby>五<rt>오</rt></ruby><ruby>蘊<rt>온</rt></ruby><ruby>皆<rt>개</rt></ruby><ruby>空<rt>공</rt></ruby> <ruby>度<rt>도</rt></ruby><ruby>一<rt>일</rt></ruby><ruby>切<rt>체</rt></ruby><ruby>苦<rt>고</rt></ruby><ruby>厄<rt>액</rt></ruby>〕.

우리가 아침저녁으로 외우는 이 『반야심경』의 첫 구절, 곧 '조견오온개공照見五蘊皆空'하고자 노력할 때 '도일체고액度一切苦厄'이 되어 행복바라밀을 성취할 수 있습니다.

색·수·상·행·식의 오온이 모두 공空함을 비추어 보면 모든 괴로움과 재앙을 벗어난 성현이 되고, 비록 쉽지는 않지만 오온이 공함을 비추어 보고자 노력만 하여도 '향상의 길을 걷는 사람'이라 할 수 있습니다. 따라서 우리 불자들은 오온이 공함을 비추어 보려는 〔照見五蘊皆空〕 노력을 놓아 버려서는 안 됩니다.

오온이 공임을 자꾸자꾸 비추어 보게 되면 오온 때문에 파생되는 번뇌인 미움·사랑, 기쁨·슬픔, 불행·

다행, 괴로움·즐거움 등의 모든 연緣에서 벗어나 자유
롭고 행복한 삶을 이룰 수 있습니다.

정녕 오온공의 차원을 체험하려면 이 시간 이 공간
속에서 모든 집착을 비워 버리고 하는 일에 집중을 하
며 살아야 합니다. 사사로운 감정 품음이 없이, 사전에
계획된 생각 없이, 마음의 부담이나 구속 없이, 지금의
현실에 집중을 하며 살아야 합니다. 그래야만 오온이
공함을 체험한 사람의 생활을 할 수 있게 됩니다.

하지만 대부분의 불자들은 오온의 테두리 속에서 날
갯짓을 하며 살아가고 있습니다. 입으로는 '조견오온
개공하여야 일체고액을 벗어날 수 있다'고 하면서도,
오온공五蘊空의 차원을 체험하려는 노력도 생각도 하
지 않고 사는 경우가 많습니다.

그렇다고 하여 단순히 노력하려는 생각조차 하지 않
았다고 몰아붙여서는 안 됩니다. 불자라면 누구나 오
온공을 체험하기 위해 시도는 해 보았을 것이요, 마음
처럼 되지 않다 보니 포기를 하였을 것이니….

'마음처럼 되지 않는다….' 그렇습니다. 우리는 지금
이 순간만 살고 있는 것이 아닙니다. 그야말로 세세생

생을 살아왔습니다. 그리고 그 많은 생애 동안 채우기만 하며 살아왔고, 번뇌망상에 푹 젖으며 살았습니다. 그야말로 다생다겁 동안을 탐욕〔貪〕과 분노〔瞋〕와 어리석음〔癡〕과 교만〔慢〕과 의심〔疑〕이라는 다섯 가지 번뇌에 사로잡혀 살아왔습니다.

그렇게 다생다겁을 살아왔기 때문에 오온공의 차원을 체험하거나, 탐욕과 분노와 어리석음과 교만과 의심의 테두리를 벗어나서 생활한다는 것이 참으로 힘들 수밖에 없습니다.

하지만 우리는 이 생을 놓쳐서는 안 됩니다. 사람의 몸을 받았고 불교와 인연을 맺은 바로 이 생에서 향상의 길을 찾고 나아가야 합니다. 참선·경전공부·염불·기도·보시·인욕 등을 통하여 '오온공'의 세계를 체험하고자 노력해야 합니다.

반대로 귀한 불법을 만난 이 생에서까지 번뇌 속에 빠져 자기중심적으로 살다 보면 전혀 생각지도 않았던 업신業身을 받게 됩니다. 더욱이 탐욕·의심 등의 번뇌를 단순한 번뇌로 삭이지 못하고 깊이 집착하게 되면, 그 집착 때문에 죽어서도 갈 곳을 가지 못하고 귀신이 됩니다. 마음속에 잘못 품은 생각을 풀지 못하고 죽으면 정상적인 삶이 아닌 삼악도의 삶이나 괴로움과 재앙의 삶을 살아가게 되는 것입니다.

다시 한번 자기를 돌아보십시오. 혹시나 나 자신이 잘못된 고집이나 착각으로 이미 반쯤은 괴로움과 재앙이 가득한 삼악도의 삶을 살고 있지는 않은지? 결코 잊을 수 없는 깊은 한恨 속에서 살고 있지는 않은지?

만일 반쯤 삼악도의 삶이나 깊은 한 속에서 살고 있다면 부디 냉정하게 풀어 버리십시오. 왜냐하면 내 나쁜 삶의 형태나 내 마음에 맺힌 것들이 모든 재앙의 근본이 되기 때문입니다.

비우고 벗어나려면

모름지기 행복바라밀을 추구하는 부처님의 제자라면 부지런히 마음공부를 하면서 좋은 일이건 나쁜 일이건 다 풀어 버려야 합니다. 잊어버려야 합니다. 비워 버려야 합니다.

'비워 버려야 한다.'

말은 쉽지만 잘 비워지지가 않습니다. 오히려 2살, 3살 때부터 지금까지의 중요한 일들이 앨범에 넣어 놓은 사진처럼 언제나 생생하게 살아납니다.

실로 비우기란 쉬운 일이 아닙니다. 하지만 비우지 못하고 집착하면 언제나 그것으로 인한 걱정과 근심 속에서 살아야 하고, 거기에서 파생된 사건들로부터 벗어날 수가 없습니다.

정녕 마음을 다잡아야 벗어날 수 있습니다. 오온이 모두 공함을 비추어 보아야 일체고액에서 벗어날 수 있습니다. 번뇌를 좇아가는 마음을 다잡아 부지런히 '집중'을 해 나가야만 현재의 망상연妄想緣에서 벗어날 수 있습니다.

염불·참선·기도 등 바른 공부에 대한 집중을 통하여 끊임없이 전진하고 발전하고 향상시켜 나가야 합니다. 집중의 노력이 없으면 불교에 발을 들여 놓은 보람이 생겨나지 않습니다. 오히려 그 속에서 허우적거리게 됩니다.

불자는 참된 불자가 되고자 하는 욕심이 있어야 합니다. 참된 불자는 절에 오래 다녔다고 하여 되는 것이 아닙니다. 큰스님의 법문을 많이 들었다고 하여, 불경을 많이 보았다고 하여 참된 불자로 변하는 것도 아닙니다.

참된 불자의 기준은 '얼마만큼 내 마음속의 얽힘을 풀고 벗어나느냐'에 있습니다. 이것을 불교에서는 마음공부라고 합니다.

이 마음공부는 돈으로도 안 되고 권력으로도 이루어 낼 수 없습니다. 오직 자기 노력으로만 이루어 낼 수 있습니다. 힘이 들고 마음이 아파도 마음속에 얽혀 있는 집착을 놓아 버리고 비워 버려야 합니다.

이때는 결코 말이 필요없습니다. 불이 비록 뜨겁지만 '불' 하고 소리친다고 하여 혓바닥이 타는 것이 아니듯이, 끝없는 향상과 전진이 필요할 뿐입니다. 끝없는 향상과 전진을 통하여 윤회輪廻를 벗어나야 합니다.

흔히들 '윤회'라고 하면 죽고 난 다음을 생각하지만, 윤회는 지금 이 순간에도 이루어지고 있습니다. 사람으로 있을 때 욕심을 많이 부려 남을 해쳤으므로 죽은 다음 고통의 나라에 가는 것. 이것도 윤회라고 규정할 수 있지만, 보다 정확히 윤회를 정의한다면 '원인에서 결과까지의 과정'이 윤회입니다.

어떤 인因, 곧 하나의 씨가 심어지면 그 씨는 씨로만 존재할 수 없습니다. 인이라는 씨를 심은 거기에 따르는 일이 생기고, 여러 과정을 거치다 보면 결과에까지 이르게 됩니다. 곧 인因·연緣·업業·과果의 과정이 윤회인 것입니다.

따라서 우리가 24시간 내내 원인과 결과 속에서 허우적거린다면 매일매일 윤회의 테두리 속에 사는 것이 됩니다.

더 구체적으로 말하면, '색·수·상·행·식'이라는 오온의 테두리에 갇혀 살면 결코 윤회의 테두리에서 벗어날 수가 없습니다. 나아가 오온의 테두리 속에서 만들어 낸 근심·걱정과 재난 때문에 깊은 불행 속으로 빠져드는 것입니다.

'나'를 번뇌 속으로 빠뜨리고 눈에 보이지 않는 고난 속으로 몰고 가는 오온의 결박. 죽은 다음에도 풀지 못하여 삼악도의 삶을 만들어 버리는 오온의 결박. 부처님의 제자라면 반드시 이 결박에서 벗어나야 합니다. 말로서가 아니라, 실제로 오온공五蘊空을 체험하여 대자유인이 되어야 합니다.

그렇다면 과연 어떻게 해야 오온공을 체험하여 일체의 고액을 벗어날 수 있는가? 이를 위해서는 먼저 오온이 무엇인가부터 분명히 알아야 합니다.

오온五蘊의 흐름

오온의 첫 번째인 **색色**은 물질입니다. 우리의 몸뚱어리가 물질이요, 집, 땅, 나아가서는 이 우주 전체가 물실입니다. 곧 우리의 육체뿐만 아니라 눈·귀·코·혀·몸 등으로 볼 수 있고, 들을 수 있고, 냄새 맡을 수 있고, 맛볼 수 있고 감촉을 느낄 수 있는 것은 모두가 색인 것입니다.

두 번째의 **수受**는, 물질과 물질의 부딪힘입니다. 곧 색과 색의 부딪힘이 수입니다. 눈으로 무엇을 보고, 귀로 어떤 소리를 듣고, 코로 냄새를 맡고, 혓바닥에 무슨 맛이 딱 느껴지고, 몸으로 감촉을 받아들이는 것, 이것이 수입니다. 곧 우리의 감각기관에 어떤 반응이 오는 것이 수입니다.

이렇게 색과 색의 부딪힘 다음에는 좋다〔好호〕·싫다〔惡오〕·무감각〔平等평등〕 등의 감정이 일어나는데, 이것이 바로 **想상**입니다. 눈으로 무엇을 볼 때 '아, 예쁘다', '에구, 보기 싫어' 또는 아무리 쳐다보아도 무감각하게 보이는 경우 등이 모두 상입니다. 혓바닥에 음식이 닿을 때 '아, 맛있다', '역겨워' '별맛 없네' 등을 생각하는 것도 모두 상입니다.

상의 다음의 **行행**은 반응행위입니다. 좋다·싫다는 감정의 기준은 '나'에게서 출발합니다. '나'에게 맞으면 좋고 나에게 맞지 않으면 싫어합니다. 그리고 좋으면 취하고자 하며, 싫으면 기피하고 성을 내게 됩니다. 곧 탐욕과 진심瞋心이 일어나게 되는 것입니다. 이 탐욕과 진심을 좇아 반응하는 행위나 실천이 바로 행입니다.

이제 수·상·행의 세 가지로 예를 들어 다시 한번 정리해봅시다.

집에서 한 아이가 노래를 부른다고 합시다. 나의 귀가 그 노랫소리를 듣는 것은 **수受**입니다.

그때, 내 속에서는 느낌이 일어납니다. '아, 참 듣기 좋구나. 더 불렀으면', '무슨 노래를 저렇게 이상하게 불러' 이렇게 생각하는 것이 **상想**입니다.

물론 이렇게 생각만 하고 끝낼 수도 있지만 생각이 강하면 속으로 생각을 계속 전개시키거나 밖으로 감정을 표출시킵니다.

"네 노래 참 듣기가 좋구나. 한 곡 더 불러 보렴."

"듣기 싫으니까 그만해!"

이것이 **행行**입니다.

이렇게 수 → 상 → 행의 과정을 거치고 나면 마음속에 어떠한 일에 대한 관념이나 인식능력이 자리를 잡게 되는데 그것이 **식識**입니다.

하지만 색·수·상·행·식의 오온은 결코 고유한 실체가 없습니다. 서로의 부딪힘 속에서 꼬리를 물고 일어날 뿐입니다. 그런데도 인간은 고유한 실체 없이 흘러가는 이 오온의 현상에 고유함이 있다고 느끼기 때문에 집착을 하게 되고 벗어나지를 못합니다.

실체도 없이 흘러가는 것에 집착하면 그 결과는 고액苦厄입니다. 괴로움과 재앙뿐입니다.

정녕, 고유한 실체 없이 흘러가는 것들은 놓아 버릴 줄 알아야 합니다. 그렇지 않으면 번뇌망상 속으로 더욱 깊이 빠져 끝내 괴로움의 바다에서 벗어날 수 없게 되고 맙니다. 특히 마음속의 번뇌와 망상이 깊어지면 참으로 무서운 결과를 낳게 됩니다. 물에 뜬 거품 같은 망상이 금생의 삶뿐만 아니라 내생까지도 바꾸어 놓습니다.

❀

약 4백 년 전, 일본에서 있었던 일입니다. 관직 생활을 하던 남자가 부인이 있는데도, 어느 날 한 여자를 집으로 데리고 와서 작은댁으로 삼았습니다.

그런데 묘하게도 본부인과 작은댁은 친자매보다 더 정답게 지냈습니다. 본부인은 가진 것 중에서 좋은 것이 있으면 작은댁에게 주고, 맛있는 것도 작은댁을 먼저 주었습니다. 작은댁은 '형님, 형님' 하면서 본부인에게 순종하였고, 좋은 물건이 생기면 언제나 본부인에게 주었습니다.

"형님 하세요, 저는 있어요."

이렇게 본부인과 작은댁이 서로를 아끼고 사랑하며 지내자 남편인 관리는 너무나 흐뭇했습니다.

'정말 나는 복도 많아. 두 여자가 저토록 사이좋게 지내면서 나에게 정성을 다하니….'

그러던 어느 추운 겨울날, 관리가 퇴근을 하여 집으로 돌아왔을 때 두 부인은 다다미방 중앙에 놓은 화롯불 옆에서 꾸벅꾸벅 졸고 있었습니다.

그런데 관리의 눈에는 참으로 묘한 것이 보였습니다. 잠든 두 여인의 머리카락이 뱀으로 변하여 서로 싸우고 있는 모습이 꿈을 꾸고 있는 듯이 보이는 것이었습니다.

'아! 여자의 세계는 저런 것인가? 둘 사이가 그토록 다정하고, 위해주고 양보하는 듯하였는데, 마음 깊은 곳에 저토록 무서운 독기가 서려 있었다는 것인가?'

크게 충격을 받은 관리는 세상살이에 만정이 떨어져 온다 간다는 말도 없이 집을 나가 출가하였습니다.

그 뒤 홀홀단신인 작은댁은 어디론지 떠나 버렸고,

뱃속에 아기가 있었던 본부인은 남편이 돌아오기를 기다리며 집을 지켰습니다. 얼마 뒤 아기가 태어났지만 남편이 돌아오지 않자, 본부인은 홀로 아들을 키우며 살고 싶지 않은 삶을 이어가고 있었습니다. 그리고 언제나 남편이 떠난 까닭에 대한 의문이 머릿속을 떠나지 않았습니다.

'왜 그 사람은 우리를 버렸고, 집안도 명예도 모두 버리고 가 버렸을까?'

고민을 하던 본부인은 깊은 병을 얻었고, 아들이 16살이 되었을 때 병으로 죽음을 앞둔 어머니는 아들에게 소원을 말했습니다.

"죽기 전에 너의 아버지를 꼭 만나고 싶구나. 내가 미련이 남아 아버지를 붙잡으려는 것이 아니라, 네 아버지가 왜 너와 가정을 버렸는지, 그 이유를 한마디 듣고 싶기 때문이다."

아들은 아버지를 찾아 일본 전국의 사찰을 찾아다녔습니다. 그리고 갖은 고생을 하며 1년여를 찾아다닌 끝에 히에잔〔比叡山〕에서 생후 처음으로 스님이 되어 있는 아버지를 만났습니다.

"어머니는 지금 죽어 가고 있습니다. 어머니의 마지막 소원은 아버지를 만나는 것입니다. 인간의 정으로 만나고자 하는 것이 아니라, 아버지께서 출가하신 이유 한마디를 듣기 위해서입니다."

아버지는 아들과 함께 하산하지 않고, 나무토막에 부적을 새겨 아들에게 주었습니다.

"이것을 갖다 드리면 네 어머니의 병이 나을 것이다."

어머니의 병이 낫는다는 말씀에 아들은 너무 좋아서 부적을 받아들고 산을 뛰어 내려오다가 비탈길에 넘어져 데굴데굴 굴렀습니다. 순간 나무로 만든 부적은 부서졌고, 바로 그 시간에 어머니는 숨을 거두었습니다.

집으로 돌아가 죽은 어머니의 장례식을 올린 아들은 다시 아버지를 찾아가 울면서 말했습니다.

"저에게 말씀해주십시오. 왜 어머니를 버리고 갔는지를? 어머니에게 마지막 한마디를 해주시듯이 저에게 이야기해주십시오."

아버지는 비로소 입을 열어 출가할 당시의 이야기를 들려 준 다음 그 까닭을 말했습니다.

"참으로 사람의 마음이란 알 수 없는 것이다. 너의

엄마가 겉으로 보기에는 그렇게 다정한 사람이었지만, 잠을 자는 동안 무의식중에 가슴에 맺힌 것이 사나운 뱀으로 나타나더구나. 애야, 이것이 바로 우리 인간의 마음이다. 어찌 너의 엄마만 그와 같았겠느냐? 모든 인간이 이와 같은 마음을 가지고 있다. 나는 그와 같은 인간의 마음이 두려웠고, 그 마음을 벗어나려고 중이 된 것이다."

아들은 크게 느낀 바가 있어 그 자리에서 출가하였고, 아버지와 아들은 함께 수도하여 모두 도를 이루었습니다.

⚜

일본 히에잔에서 실제로 있었던 이 이야기는 우리가 색 → 수 → 상 → 행 → 식이라는 오온의 흐름에 몸을 맡기고 살 때 자기도 모르게 맺게 되는 비극을 깨우쳐 주고 있습니다.

불자들은 모름지기 색·수·상·행·식의 오온이 공空임을 분명히 기억하면서, 마음의 흐름을 잘 살펴 맺힘이 없는 삶을 살아야 합니다.

오온의 흐름 따라 살아가게 되면 괴롭고 힘들 수밖에 없음을 꼭 기억하십시오. 반대로 오온에 실체가 없음을 점검하고 또 점검하여, 집착을 조금씩 비우고 조금씩 벗어 버리게 되면, 즐겁고 평화로운 삶이 반드시 펼쳐지게 됩니다.

부디 오온, 곧 색·수·상·행·식의 뜻을 잘 파악하고, 마음속에서 움직이는 색→수→상→행→식의 흐름을 잘 파악하여, 크게 지혜로운 삶을 이루시기 바랍니다.

반야바라밀의 생활화

오온공의 체험

　이제까지 우리는, "조견오온개공照見五蘊皆空 하여야 도일체고액度一切苦厄 할 수 있다"는 반야심경의 첫 구절에 대해 공부하였습니다.

　색·수·상·행·식의 오온이 고유한 실체가 없는 공空임을 분명히 기억하고, 마음의 흐름을 잘 살펴 맺힘 없이 살면, 누구나 다 지혜롭고 행복한 마하반야바라밀의 삶을 살 수 있다고 하였습니다.

　그런데 이를 방해하는 절대적인 것이 있습니다. 바로

망상妄想입니다. 내가 스스로 만들어 낸 번뇌망상煩惱妄想입니다.

이 세상에 무서운 것들이 많고도 많지만, 가장 무서운 것은 망상입니다. 인간을 고난 속에 빠뜨리는 것은 수없이 많지만, 지나친 망상 속에 빠져 살 때가 가장 괴롭습니다.

물에 뜬 거품과도 같은 망상. 뚜렷한 실체가 없는 허망한 생각인 망상. 하지만 망상이 깊어져서 고집으로 바뀌면, 그 망상은 쇠사슬보다 더 강하게 우리를 동여맵니다.

그러므로 우리는 망상을 놓아 버려야 합니다. 상想 중에서 허망하고 그릇되기 그지없는 상인 망상妄想만 놓아 버리면 진실한 마음으로 살게 되고, 그냥 그대로 모든 고통과 액난을 벗어날 수 있습니다.

하지만 우리는 중생입니다. 오랜 세월 동안 번뇌망상을 벗하며 살아온 중생입니다. 그렇기 때문에 물거품을 물거품으로 여기는 것도 쉽지 않고, 번뇌망상을 내려놓기도 버리기도 어렵습니다.

그럼 어떻게 해야 하는가? 수행을 해야 합니다. 염

불·참선·경전공부·기도 등을 통하여 오온 따라 흘러가는 '나'를 완전히 잊을 때까지 수행해야 합니다. 곧 나에 대한 생각을 완전히 잊고 삼매三昧를 이루면 색즉시공色卽是空 공즉시색空卽是色의 경지에 이르고 오온공五蘊空을 체험할 수 있게 됩니다.

☙

나이 20세 무렵, 나는 해인사 강원에 있었습니다. 당시 해인사의 큰스님들은 강원 공부 외의 다른 수행을 할 것을 권하였고, 나는 여섯 글자로 된 육자주六字呪 '옴마니반메훔' 주력을 스스로 택하였습니다.

나는 부지런히 '옴마니반메훔'을 외웠습니다. 몹시 힘들게 한 것도 아니고 그냥 열심히 외웠습니다. 사람들이 없으면 소리 내어 외웠고, 사람들이 있으면 속으로 외웠습니다. 절마당을 거닐든 밭에 가든, 예불을 하러 가든 밥을 먹든, 틈틈이 육자주를 놓지 않고 계속했습니다.

얼마를 계속하였는지 정확히는 기억나지 않지만, 초겨울에 접어들 무렵이었습니다. 속으로 육자주를 외우며 예불을 하기 위해 대적광전 축대 위에 올라서서 극락전 쪽을 바라보는 순간이었습니다.

시간이 멈춘 듯하였고, 눈앞의 모든 것도 사라졌습니다. 앞에 있던 산, 옆의 대적광전, 밑의 마당, 뒤쪽의 건물 모두가 없어지고, 약간 옅은 황금색을 띤 누르스름한 대지가 수천만 리 펼쳐져 있었으며, 그 대지의 끝에 범자梵字로 된 '옴마니반메훔' 여섯 글자가 해돋이처럼 빨갛게 땅에서 솟아나 공중에 똑바로 서 있는 것이었습니다.

나는 서 있다는 생각도 없이 그 자리에 서서 해처럼 빨갛게 솟아 있는 여섯 글자를 바라보고 있었는데, 그 시간이 굉장히 긴 것처럼 느껴졌습니다. 그때 밑에서 올라온 도반이 내 등을 두드렸습니다.

"여기서 뭐하고 서 있노? 빨리 예불하러 가자."

순간 나는 번쩍 정신이 돌아왔고, 산과 건물과 마당도 원래처럼 보였습니다. 한없이 긴 것처럼 느껴졌던 시간은 불과 5분도 지나지 않았습니다.

이 일이 있고 난 다음부터는 일상생활에서 이상한 일들이 종종 일어났습니다.

그 무렵 절에서는 향로에 숯불을 담아 사용했습니다. 하루 세 차례, 곧 아침 예불 때와 사시 마지 때와 저녁 예불 때 향로에 숯불을 담아 사용하였는데, 한번은 부엌에 가서 숯불을 담고 난 다음, 느닷없이 숯불을 손으로 만져 보았습니다. 벌건 숯불을 손으로 만지고 손으로 집었지만 조금도 뜨겁지 않았습니다. 손도 전혀 데지 않았습니다.

그와 같은 일이 벌어진 다음, 나에게 어떤 다른 기운이 온 것 같은 이상한 무엇이 느껴졌습니다. 그리고 그 기운의 충동 때문에 가만히 있지를 못했습니다. 해인사 대적광전 지붕 위를 수시로 올라갔습니다.

한국전쟁 직전인 그때는 경제 사정이 어려워 타이어 찌꺼기로 만든 발가락만 끼우는 게다짝을 신고 다녔는데, 그 게다를 신고 시도 때도 없이 스르르 방을 빠져나가, 발로 땅을 한번 툭 치면 나의 몸은 이미 대적광전 지붕 위에 올라 서 있었습니다.

그리고 게다를 신은 채로 지붕 위와 용마루 위를 평지처럼 밟고 뛰어다녔습니다. 보통 사람은 맨발로 다녀도 경사가 급해 몸도 제대로 가누지 못할 지붕 위를, 게다를 신고 평지처럼 왔다갔다하고 막 뛰어다녔습니다.

또 시도 때도 없이 가야산을 누비고 다녔습니다. '가고 싶다'는 생각이 일어나면 가야산 중허리의 마애불까지 순식간에 다녀왔고, 가야산 꼭대기와 매화산과 미륵봉 등을 한 바퀴 도는데 불과 10분 내지 15분도 채 걸리지 않았습니다.

한번은 마애불 근처로 가서 집채만한 바위를 밀어 보았더니 바위가 그냥 밀려갔고, 주먹을 불끈 쥐고 바위를 쳤더니 마치 물속으로 들어가듯 팔이 바위 속으로 쑥 들어가는 것이었습니다.

8

이 이야기를 듣는 사람 중에는 믿지 않는 이들도 많을 것입니다. 하지만 누구든지 '나'를 완전히 잊는 삼매를 이루게 되면, 지금 이 몸을 가지고 특별한 능력을 체험할 수 있습니다.

'관세음보살'을 하든, '육자주'를 하든, '신묘장구대다라니'를 하든, '이 무엇고'를 하든, 지극히 몰아붙여 모든 분별심과 망상이 딱 떨어진, 의식이 정지된 세계를 체험하게 되면, 그 사람의 몸은 칼날로도 상처를 낼 수가 없습니다.

그리고 이러한 체험이 있고 나면 눈앞에 있는 사람의 전생이 보이고 앞으로의 길흉화복도 보입니다. 집터나 묘터를 보면 그 좋고 나쁜 점이 환히 비칩니다.

하지만 이 경지는 아직 깨달음의 경지가 아닙니다. 물질에 대한 집착이 잠시 떨어진 색불이공色不異空 공불이색空不異色의 경계에 들어선 것일 뿐, 색즉시공色卽是空 공즉시색空卽是色의 차원을 이룬 것은 아닙니다.

그러므로 염불 등의 수행을 하다가 이러한 경지에 이르렀다고 해도 절대로 입으로 허튼소리를 하지 말고 더욱 부지런히 공부해야 합니다. 왜냐하면 이때 눈앞에 보이는 새로운 것에 맛을 들이면 완전히 옆길로 빠져들어 다시는 참된 깨달음을 얻기가 어렵게 되기 때문입니다. 꼭 조심하시기 바랍니다.

정녕 우리가 일체의 고액을 벗어나고자 한다면, 마하반야바라밀을 생활화하고자 한다면, 오온이 공하다는 것을 철두철미하게 체험을 해야 합니다. 만일 지금의 내가 오온, 곧 '나'가 공하다는 것을 확신할 수 없다면, 기도·참선·염불·경전공부 등을 부지런히 하여 분별심과 망상을 완전히 넘어서야 합니다.

집착 없는 보시

아울러 일상생활 속에서 부처님께서 가르치신 보시행布施行을 참되이 실천해 보십시오. 나와 내 것을 버리는 보시를 잘 실천하게 되면 능히 오온 속의 '나'를 벗어 버릴 수 있습니다.

보시를 하면 어찌 능히 '나'를 벗어 버릴 수 있는가?

인간의 보는 고통은 색色, 곧 물질에서 시작됩니다. 물질로 이루어진 나의 몸에 대한 사랑과 바깥 물질에 대한 애착이 결국은 고통을 불러들입니다. 그래서 부처님께서는 '이 애착을 내려놓아라' 하셨고, 내려놓는 보시행을 실천하라고 하셨습니다. 내려놓고 비울 수 있어야 참으로 자유롭고 행복할 수 있다고 가르쳤습니다. 이것이 바로 보시의 근본 뜻입니다.

그러나 나를 비우고 물질에 대한 애착을 내려놓는다는 것은 결코 쉬운 일이 아닙니다. 더군다나 땀 흘려 번 돈을 그냥 준다는 것은 보통 사람들에게 쉽게 용납이 되지 않습니다. 그러므로 '주기는 주되 값어치 있는 곳에 주라'고 가르쳤습니다.

곧 도를 닦는 스님들이 있는 사찰에 기부하고, 진리를 깨우치는 법보시도 하고, 가난한 사람도 보살펴주고, 수재·화재·지진 등의 재난에 빠져든 이들에게 베풀어주라고 하신 것입니다.

그런데 우리 주위를 둘러보면 참으로 잘 비우는 사람, 진정으로 잘 내려놓는 사람이 많지 않습니다. 대부분이 주는 척하면서 주지를 못합니다. 내려놓는 듯하면서 내려놓지를 못합니다.

물질은 이미 주었는데 마음으로는 그것을 더욱 꼭 붙들고 있는 이들이 많습니다. 보시를 하였으면 보시를 한 것으로 끝내야 하는데, 그 결과에까지 신경을 쓰는 이들이 적지 않습니다.

그 결과에까지 신경을 쓰는 것은 참된 보시를 하지

않았다는 증거입니다. 돈은 주었지만 그 마음은 아직 돈을 붙들고 벌벌 떨고 있다는 증거입니다.

이렇게 보시해서는 안 됩니다. 줬으면 바로 그 순간에 잊어버려야 합니다. 그래야 무주상無住相의 참된 보시가 되고, 부처님께서 육바라밀 중에 보시를 가장 앞에다가 둔 소중한 뜻을 그대로 수용할 수 있습니다.

불경에 다음과 같은 이야기가 있습니다.

🌸

소승의 아라한인 사리불舍利弗존자가 대승보살의 마음을 일으켰습니다. 이를 안 제석천왕은 하늘에서 내려와 대승불교의 첫 번째 덕목인 보시로써 사리불존자의 대승심大乘心을 시험하고자 했습니다.

"대승심을 발한 거룩한 존자시여. 가진 것 중의 하나를 저에게 보시하지 않으시렵니까?"

"무엇을 드릴까요?"

"눈을 하나 주십시오."

한쪽 눈이 없으면 얼마나 불편한지를 잘 알고 있었던 사리불존자는 잠깐 동안 고민했습니다. 하지만 보시행을 실천하도록 했던 부처님의 뜻을 분명히 알고 있었기 때문에, 아깝다는 생각, 아픔에 대한 생각을 버리고 한쪽 눈을 뽑아주었습니다.

상식적으로 생각하면 이것만 하여도 보통 보시가 아닙니다. 그런데 제석천왕은 피가 철철 흐르는 눈알을 받아들자마자 침을 탁탁 뱉은 다음 땅바닥에 집어던져 발로 짓이겼습니다. 화가 치민 사리불존자는 버럭 소리쳤습니다.

"그렇게 할 것을 무엇 때문에 달라고 하였소?"

그러자 제석천왕이 말했습니다.

"아깝습니까? 일단 주었으면 준 것으로 끝을 내어야지, 주고 나서 내가 한 행동을 지켜보고 화까지 낸다는 것은 '못 내려놓았다'는 증거가 아닌가요?"

꿍

이 이야기는 우리에게 참된 대승불교의 보시정신이 무엇인가를 일깨우기 위한 것입니다. 보시를 한 다음, 절대로 뒤돌아서서 자랑을 하거나 미련 섞인 말을 하지 말라는 것입니다. 그렇게 하면 모든 고난의 근원인

'물질'을 내려놓은 것이 아니기 때문입니다.

절이든 복지단체든 그 누구에게든 보시를 하였으면 바로 마음을 비워야 합니다. 물질을 베풀었건 법문을 하였건 몸으로 봉사를 하였건, 그 보시에 대한 생각을 계속 지니고 다녀서는 안 됩니다. 그 집착, 그 애착을 버려야만 참된 복이 되고 깨달음을 이루는 공덕이 한량없고 가이없이 커집니다.

그런데 이와 같은 원리를 모르는 많은 사람들은 '베풀었다'는 그 사실을 은근히 자랑하기에 바쁩니다.

"우리 아버님 생신날 복지관에 가서 무의탁 노인들에게 점심공양을 베풀고 왔어."

그러나 자랑하고 뽐내고 싶은 그 말과 마음 때문에 보시를 한 공덕이 바싹바싹 부서진다는 것은 모르고 있습니다. 나의 공덕만이 아닙니다. 아버님에게 돌아갈 공덕까지도 깨어져 버립니다. 결국 '나'를 비우는 보시가 아니라 '나'를 더욱 내세우는 보시에 불과할 뿐입니다.

정녕 미련 없이 자랑스러운 마음 없이 '비우는 보시'를 하기란 힘이 듭니다. 하지만 우리 불자들은 인간이면 누구나 크게 애착을 하게 되는 '나'와 물질에 대한 애착을 내려놓으며 살아야 합니다.

처음에는 돈에 대한 집착을 비우고, 차츰 '나다, 나다'라는 그 분별심을 내려놓으며, 마침내는 모든 이의 평화를 위해 목숨까지도 버릴 수 있어야 한다는 것이 부처님께서 가르치신 재시財施 · 법시法施 · 무외시無畏施입니다.

결코 쉽지 않겠지만 부처님의 가르침을 따라 조금씩 조금씩 보시해 보고 조금씩 조금씩 비워 보십시오. 고난의 근원이 되는 물질〔色〕뿐만 아니라 수 · 상 · 행 · 식의 오온이 차츰차츰 비워져서〔空〕 정말 평화로운 해탈의 경지를 이룰 수 있게 됩니다.

마하반야바라밀의 생활화

이 산승은 이제까지 일체고액을 벗어나는 세 가지 방법에 대해 이야기하였습니다.

①오온의 흐름을 관찰하여 오온에 고유한 실체가 없음을 깨달아 집착 없는 삶을 이루라는 것.

②염불·참선·경전공부·기도 등의 수행을 통하여 삼매三昧에 몰입해 보라는 것.

③보시를 통하여 버리는 연습을 자꾸 하라는 것.

이 셋 가운데 어느 것이든, 처음에는 쉽게 되지 않을 것입니다. 그렇지만 차츰 하다 보면 자기도 모르게 힘이 생겨납니다.

그리고 이들 어느 것도 하기가 어렵다면 하루 30분이라도 조용히 앉아서 스스로를 관찰하며 사색하는 시간을 가져 보십시오. 사색이 힘들면 그저 자기의 호흡을 관찰해도 좋습니다.

나가고 들어오는 숨을 '하나 둘…' 하며 백까지 세고 또 백까지 세고…. 우두커니 앉아 나가고 들어오는 호흡에만 의식을 집중하십시오. 좋은 생각이 일어나도 잡으려 하지 말고 나쁜 생각이 일어나도 지우려 하지 말고, 그냥 그냥 호흡에다 마음을 모으십시오.

호흡 관찰 대신 하루 30분 정도의 염불이나 사경이

라도 좋습니다. 매일 조금씩이라도 수련하면 그 힘이 우리의 인생을 이끌어주는 주춧돌이 됩니다. 정신과 육체의 주춧돌이 되기도 하고, 우리에게 얽혀 있는 모든 검은 그림자를 지워주기도 합니다.

부디 정성을 불러일으켜서 망상을 잠재우고, 오온이 공함을 조견하여 보십시오. 일체의 고액이 사라짐과 동시에 제3의 눈이 떠지게 됩니다. 육체의 눈으로는 결코 볼 수 없는, 참으로 기쁘고 아름답고 거룩한 세상을 보게 되고, 나의 생활은 마하반야바라밀이 됩니다.

마하반야바라밀의 생활화! 그것은 끝없는 진보와 향상의 생활입니다.

대우주는 끝없이 진보합니다. 그 속에서 우리도 끝없이 진보하고 향상합니다. 이것이 '마하반야바라밀'입니다.

그런데 많은 사람들은 대우주의 원리를 어기고 질서를 파괴할 뿐 아니라 타락의 길 속으로 거침없이 걸어 들어갑니다. '나'라고 하는 망상 때문에 저지르는 이와 같은 퇴보를, 끝없이 전진하는 대우주는 그냥 두지 않습니다.

'야, 요것 봐라? 모든 생물과 영靈들과 유정·무정이 끝없이 전진하고 향상하는 것이 대우주의 원리거늘, 요것들이 감히 제멋대로 가?'

그래서 한번씩의 채찍질이 가해집니다. 가정 불화, 자녀들의 반항과 탈선, 경제 파탄, 승진 탈락, 시험 불합격 등이 모두 채찍질인 것입니다.

나아가 '문명과 기술혁신과 지적인 향상'을 부르짖으며 인간 스스로가 만든 꾀에 빠져 멋대로 흘러간다 싶으면, 태풍·폭우 등의 기상이변과 산불·회오리바람 등의 자연 재난을 일으켜 인간들을 깨우칩니다. 잘못된 길을 그만 가라는 것입니다. 그렇게 되면 인간은 처음부터 또다시 시작할 수밖에 없습니다.

끝없이 전진하고 향상하는 대우주의 법칙. 우리 불자들은 이러한 대우주의 법칙에 맞추어 바르게 살면서, 자꾸자꾸 향상하고 깨어나야 합니다. 제자리걸음을 걸어서도 안 되고 후퇴해서도 안 됩니다.

'나'라는 개인적인 욕심과 감정에 빠져들지만 않으면, 계속 향상하고 보다 나은 삶을 영위할 수 있습니다. 그리고 '나' 속에 빠지지 않기 위해 자주자주 자기를 냉정하게 돌아보고 반성하여야 합니다.

결코 어렵기만 한 일이 아닙니다. 반성하고 돌아보면서 '나'의 껍질을 벗으며 살면, 대우주의 기운 속에서 나는 끝없이 전진하고 향상할 수 있습니다. 이것이 바로 '마하반야바라밀'의 생활화입니다.

부디 지금의 생활을 반성하고 나 중심의 고집을 놓아 버리십시오. 그렇게만 하면 대우주의 마하반야바라밀이 그대로 나의 것이 됩니다. 나를 비우면 비울수록, 망상의 테두리에서 벗어나면 벗어날수록 행복과 자유와 평화가 더욱더 커집니다.

"한 조각의 흰 구름이 골 어귀를 막으니, 돌아가던 새들이 길을 잃는다."

옛 어른들이 즐겨 했던 이 말이 무엇입니까? 골짜기에 사는 새들이 맑게 갠 아침에 골짜기에서 나와 하루 종일 노닐다가 저녁에 집으로 돌아가려 하는데, 골짜기 입구가 구름으로 가로막혀 있는 것입니다. 구름이 끼인 줄을 알면 계속 나아가 집으로 돌아갈 텐데, 구름에 속은 새들은 '내가 나온 골짜기가 아닌데, 내가 나온 골짜기가 아닌데' 하면서 다른 쪽으로 날아간다는 것입니다.

우리도 마찬가지입니다. '나'의 욕심과 감정으로 번뇌 망상의 구름을 일으켜서, 돌아가야 할 곳으로 가지 않고 다른 곳으로 흘러가 버립니다. 그리고 그 과보로 괴로움 속을 헤매고 번뇌의 쇠사슬에 결박되어 버리는 것입니다.

깊이깊이 명심하십시오. '나'의 테두리에 사로잡혀서 만들어 낸 일들은 모두가 허무하고 아무 소용이 없습니다. 보다 쉽게 말하면 나의 욕심에서 시작하고 나의 헛된 망상에 사로잡혀 사는 이상에는 괴로움 외에 가질 것이 없다는 뜻입니다.

한 조각의 구름에 속아 집으로 돌아가던 새들이 길을 잃듯이, 나의 욕심을 채우기 위해 물질과 명예와 사람에 사로잡혀 산다면 언제 해탈을 기약할 수 있겠습니까?

부디 하루에 30분이라도 시간을 내어 염불·참선·기도·경전공부 등을 행하십시오. 그리고 '내가 가는 길이 구름에 가려진 길인가? 맑게 갠 길인가?'를 반성하며 사십시오.

이렇게만 살면 일체고액은 스스로 물러갑니다. '마하반야바라밀'의 삶은 나의 것이 됩니다.

망상의 굴레, '나'의 테두리에서 빨리 벗어나면 빨리 벗어날수록 그만큼 빨리 자유롭고 평화롭고 행복해질 수 있습니다.

결코 잊지 마십시오. 대우주는 우리더러 깨어나라고 합니다. 대우주는 우리더러 마하반야바라밀을 성취하라고 합니다.

우리 모두 내 욕심의 소리가 아니라 우리의 맑은 마음과 대우주의 소리에 귀 기울이면서, 향상하고 발전하는 길로 끊임없이 나아가도록 합시다. 영원생명·무한행복이 함께할 그날까지….

나무마하반야바라밀.

V

불교신행의 주춧돌

수행의 장애와 극복 방법

번뇌라는 훼방꾼

요즈음 들어 많은 불자들은 단순한 기복신앙에서 벗어나 실천불교·수행불교 속으로 몰입하고 있습니다. 가난하고 불쌍한 이들을 돕는 이타행利他行에서부터, 참선하고 염불하고 기도하고 경전을 외우는 등의 마음 닦는 공부를 하면서, 깨달음을 향해 한 걸음 한 걸음 나아가고 있습니다. 참으로 바람직하고 자랑스러운 현상이라 하지 않을 수 없습니다.

따라서 스님들만이 아니라 재가불자들도 마음공부를

할 때 나타나게 되는 장애에 대해 잘 알고 있어야 합니다. 장애를 잘 알아야 공부를 방해하는 마魔를 능히 극복할 수 있고 참으로 공부를 잘 성취할 수 있기 때문입니다.

마음공부, 깨달음의 공부를 할 때 나타나는 각종 장애를 불교에서는 '마魔', '마구니' 또는 '마장魔障'이라고 합니다.

옛부터 불교에서는 이 마를 3마魔·4마·8마·10마 등으로 설명하였고, 『능엄경』에서는 '50종변마사五十種辨魔事'라 하여 공부를 할 때 나타나는 50가지 마구니의 길을 아주 상세하게 설하고 있습니다. 이제부터 나는 이 마를 '훼방꾼'이라는 단어로 바꾸어 풀어 보고자 합니다.

공부를 방해하는 훼방꾼은 거의 대부분이 '마음'에서 일어나는 것이지, 외부로부터 오는 것은 거의 없습니다. 그리고 이 훼방꾼에는 ①표면적인 훼방꾼과 ②심각한 훼방꾼의 두 종류가 있습니다.

수행의 표면적인 훼방꾼으로는 우리가 수시로 일으키는 번뇌망상을 비롯하여 공부를 할 때 자꾸만 생겨나는 의심, 게으름, 쓸데없는 생각 등이 모두 포함됩니다.

예를 들어 우리가 기도를 하거나 참선·독경·사경을 하고 있으면, 평소와는 달리 마음이 이곳저곳으로 계속 돌아다니고 있음을 쉽게 느낄 수 있습니다. 생활 속에서와는 달리 번뇌도 참으로 많이 일어납니다. 그리고 초보자들은 이러한 번뇌 때문에 공부가 되지 않는다고 합니다.

그럼 평소에는 돌아다니지 않던 마음이 참선이나 기도를 하기 때문에 돌아다니기 시작하는 것인가? 평소에는 일어나지 않던 번뇌가 기도나 참선·사경·독경을 하기 때문에 일어나는 것인가?

절대로 아닙니다. 평소에도 돌아다니고 있었고 번뇌가 많이 일어났지만 모르고 있었을 뿐입니다. 기도나 참선·사경·독경을 하여 마음이 조금 맑아졌기 때문에 평소에 별로 보이지 않던 것이 잘 보이게 된 것일 뿐입니다.

이러한 훼방꾼은 마음공부를 하는 사람, 마음을 단속하는 사람 누구에게나 늘 찾아듭니다.

왜냐하면, 의식적인 우리의 일상생활이 파도 따라 움

직이는 삶인 데 비해, 기도나 참선·사경·독경 등의 마음공부를 하는 생활은 파도를 잠재우는 행위이기 때문에, 변화의 과정에서 평소의 버릇들이 번뇌라는 훼방꾼이 되어 또렷이 나타난 것입니다.

따라서 번뇌가 잘 느껴지고 돌아다니는 마음이 잘 보인다는 것은 좋은 현상이라 할 수 있습니다. 스스로가 만들어 낸 마구니가 잘 보이고 있는 것입니다.

그럼 이 번뇌 망상들이 큰 문젯거리인가? 아닙니다. 극복하는 것이 그리 어렵지 않습니다. 한 가지만 주의하면 됩니다.

그 한 가지란, 돌아다니는 마음이나 번뇌를 없애려고 노력하면 안 된다는 것입니다. 없애려고 노력을 하면 훼방꾼이 내민 갈고리에 걸리는 꼴이 되어 애를 먹게 됩니다.

그렇다면 어떻게 해야 하는가?

이와 같은 초기 단계의 훼방꾼은 세력을 형성하고 있지 않은 떠돌이이므로, 일어나는 번뇌를 바라보면서 원력을 굳건히 하고 마음을 잘 단속하면 쉽게 극복할 수 있습니다.

'네가 중국을 가든 일본을 가든 나는 상관하지 않는다. 좋은 생각이든 나쁜 생각이든 상관하지 않는다. 나는 관세음보살 염불만 하겠다(화두만 하겠다…).'

이렇게 마음을 다잡으면서 기도·참선·사경·독경 등에 집중을 하게 되면 번뇌의 마구니들은 저절로 없어집니다.

기도를 하다가 번뇌가 일어나고 마음이 동할지라도, 그 번뇌에 상관하지 않고, 하던 기도를 열심히 계속하게 되면, 그냥 돌아다니던 그 번뇌란 놈이 스스로 미안했다는 듯이 기도와 함께합니다. 마치 '나도 기도를 해야겠다'고 결심이나 한 듯이, 돌아다니던 마음이 도로 기도 속으로 녹아들어 오는 것입니다.

심각한 훼방꾼

이러한 가벼운 훼방꾼에 비해, 어느 정도 공부가 익어갈 때 등장하는 힘센 훼방꾼이 있습니다. 곧 지금 생활

하고 있는 의식 속의 번뇌가 아니라, 나의 잠재의식·무의식 속에 숨겨져 있던 무명업無明業들이 등장하는 것입니다.

한번 되새겨 보십시오. 아무런 연고도 없는 낯선 고장을 버스를 타고 지나가다가 우연히 눈에 들어온 거리의 모습이나 풍경이 언젠가 와 본 듯이 생생하고, 10년·20년 후에까지 기억이 나는 경우를 경험한 일이 있을 것입니다.

이것이 우리의 잠재적인 기억 능력입니다. 그렇지만 이 능력을 평소에 늘 사용하고 있지는 않습니다.

파도 따라 출렁이는 고된 삶을 살다 보면 전생의 일은 물론이요 현생에서의 즐거웠던 일, 슬펐던 일, 두려웠던 일들이 차츰 잊혀집니다. 그리고 특별한 감정들은 잠재의식 또는 무의식 속에 깊이 간직됩니다.

그런데 기도를 하거나 참선·사경·독경 등의 공부를 하여 출렁이던 파도가 잦아들면 마음이 차츰 맑아지는데, 이때 잠재의식이나 무의식 속에 간직되어 있던 무명업이라는 훼방꾼이 깨달음의 공부를 하고 있는 우리들에게 모습을 나타나게 되는 것입니다.

곧 기도나 참선의 시작단계가 아니라, 기도를 한다면 사소한 게으름이나 일상적인 번뇌의 단계를 넘어서서 기도의 힘이 쌓이기 시작할 때, 참선을 한다면 어느 정도 화두가 잘 들린다고 생각될 때쯤 찾아들게 되는 훼방꾼입니다.

일반적으로 자주 나타나는 훼방꾼으로는 기쁨〔喜〕·슬픔〔悲〕·두려움〔怖〕을 꼽을 수 있습니다.

이러한 훼방꾼은 모든 공부인에게 다 나타나는 것이 아닙니다. 그러므로 '이러한 훼방꾼들이 나에게 나타나지 않을까' 하는 걱정은 하지 않아도 됩니다. 다만 그 내용을 알고 있으면 혹 이러한 훼방꾼이 나타날 때 큰 도움이 될 수 있습니다.

기쁨의 훼방꾼〔喜魔〕은 계속 터져 나오는 웃음과 이유를 알 수 없는 기쁨에 젖어 있는 상태입니다. 그 기쁨에는 이유가 없습니다.

왠지 모르게 하염없이 기쁘고 좋습니다. 마냥 싱글벙글 웃으며 정진하고 웃으며 생활합니다. 하지만 그 웃음은 자의적인 웃음이 아닙니다.

누가 좋지 않은 일을 당하여 잔뜩 찌푸려 있을 때도 옆에서 마냥 웃습니다. 그야말로 터져 나오는 웃음을 주체할 수가 없습니다. 이를 보고 누군가가 꾸짖으면 입으로는 '잘못했습니다.' 하면서 계속 싱글벙글 웃고 있습니다.

사람들은 '기쁨과 웃음'이 함께하는 것이 어째서 훼방꾼이냐고 묻는 경우가 있습니다. 그러나 이 기쁨은 깨달음의 법열法悅과는 전혀 다른 것입니다.

잔잔한 기쁨이 아니라 잠재의식과 무의식의 창고에 감추어져 있던 웃음보가 한꺼번에 터져 나오는 것과도 같아서 도저히 주체할 수가 없습니다. 곧 자제력 없는 웃음인 것입니다.

이러한 기쁨의 훼방꾼보다 더한 것은 **슬픔의 훼방꾼** 〔悲魔〕입니다.

🏵

동산東山(1890~1964)큰스님께서 부산 범어사의 조실로 계실 때 있었던 일입니다.

선방에서 수십 명의 스님이 열심히 좌선정진을 하고 있는데, 한 스님이 한쪽 발끝으로 바닥을 짚고 서서 찡얼찡얼 울기 시작했습니다. 이상하게 여긴 주변 스님들이 그의 몸을 흔들자 정신을 차리며 소리쳤습니다.

"어? 그 많던 사람들이 모두 어디로 갔지?"

자세한 까닭을 묻자 그 스님은 이렇게 말했습니다.

"제가 '이 무엇고' 화두를 하고 있는데, 갑자기 주위의 사람들이 2~3㎜ 크기의 불개미처럼 조그맣게 보였습니다.

그런데 조금 지나자 수천수만 명이나 되는 조그마한 사람들이 불개미 떼처럼 제 곁으로 몰려드는데, 옷자락으로라도 건드리면 터져 죽을 것만 같이 느껴졌어요. 그들에게 옷이 닿지 않게 하기 위해 옷을 추슬러도 보았지만, 차츰 무릎 밑으로 파고들었습니다.

그들이 눌려 죽을 것만 같아 발로 바닥을 딛고 쪼그리고 앉았더니, 발바닥 밑으로 파고들었습니다. 하는 수 없이 저는 일어날 수밖에 없었고, 차츰 발뒤꿈치를 들었다가 나중에는 한쪽 발로만 서 있었습니다. 그렇지만 그 작은 사람들은 계속 모여들었고 옷을 붙들고 매달리며 올라오고 있었으니….

제가 조금만 움직여도 눌려 죽을 것만 같은 그 사람들이 너무나 불쌍하고 감당할 수 없어서, 저도 모르게 울음을 터뜨렸습니다."

⚸

이렇게, 슬픔의 훼방꾼에게 사로잡히면 자꾸만 울게 됩니다. 사람을 만나도 울고, 혼자 있으면서도 울고, 절하면서 참선하면서 계속 눈물을 흘립니다. 까닭도 없이 자꾸 눈물을 흘립니다. 뚜렷한 참회의 눈물이 아니라 알 수 없는 눈물이요 슬픔인 것입니다.

또 하나, 우리의 정진을 가로막는 **두려운 훼방꾼[怖魔]**이 등장하면 한동안 우리를 공포 속으로 몰아넣기도 합니다. 이 두려움의 훼방꾼에게 걸리면 기도를 하는 법당으로 들어가기가 싫어집니다.

그 두려움 때문에 기도를 멈추고 밖으로 뛰쳐나가는 현상이 벌어지는가 하면, 심하게는 목탁을 치며 기도를 하고 있는 '나'에게 느닷없이 큰 몽둥이를 든 사람이 나타나 두드려 패는 듯한 두려움에 빠지는 경우도 있습니다.

그리고 매우 심한 두려움에 휩싸이는 경우에는 '머리 끝이 쭈뼛한' 정도가 아닙니다. 머리털뿐만이 아니라 몸 전체의 털 하나하나에 한 사람씩 붙어 잡아당기는 듯한 공포에 휩싸입니다. 그야말로 '몸뚱어리가 딱 얼어붙는' 현상이 나타나기도 합니다.

이상과 같은 기쁨·슬픔·두려움의 훼방꾼이 등장하는 것은 무의식·잠재의식 속에 숨어 있던 무명업력이 표출되면서 업들이 녹아내린다는 증거입니다. 따라서 이러한 훼방꾼의 나타남은 수행을 잘하고 있다는 증거요 수행이 잘 되고 있다는 증거입니다.

그러므로 훼방꾼들이 나타나더라도 당황해 하지 마십시오. 여기에 속지도 말고 흔들리지도 말고 기도·참선·사경·독경을 더욱 열심히 하십시오.

기도를 하는 사람이라면 기쁨도 슬픔도 두려움도, 그리고 어떠한 감정과도 벗하지 말고 계속하던 기도에 집중하면 되고, 화두를 드는 사람은 화두만 밀고 나가면 모든 훼방꾼은 스스로 자취를 감추게 됩니다.

옛 말씀에, "도가 깊어지면 마도 성해진다〔道高魔盛〕."고 하였듯이, 평소와는 다른 특별한 훼방꾼이 등장한다는 것은 그만큼 도가 깊어지고 있다는 증거라고 볼 수도 있습니다. 곧 의식의 세계보다는 더 깊은 잠재의식과 무의식에 감추어져 있던 응어리가 녹아내리는 기회요 고비로 알고, 스스로가 세운 서원誓願에 따라 흔들림 없이 정진해야 합니다.

속기 쉬운 순경계의 훼방꾼

수행을 방해하는 훼방꾼 중에는 싫고 맞지 않는 역경계逆境界의 훼방꾼도 있고, 아주 좋고 끌리는 순경계順境界의 훼방꾼도 있습니다. 이 두 가지 훼방꾼 중에서 보다 극복하기가 어려운 것은 순경계입니다.

역경계는 '나'에게 맞지 않고 괴로움을 주기 때문에 오히려 극복하고자 하는 마음을 굳게 가지게 하지만,

순경계는 즐거움으로 다가오기 때문에 극복하고자 하는 생각조차 하지 않는 경우가 많습니다. 따라서 순경계에 부딪히면 더욱 조심하고 마음을 모아야 합니다.

실제로 '관세음보살' 정근을 하거나 '천수다라니'를 열심히 외우다 보면 묘한 순경계를 접하게 되는 때가 있습니다. 눈을 똑바로 뜨고 정진을 하는데, 갑자기 관세음보살이 직접 화현하여 눈앞으로 다가오는 것입니다. '예쁘다', '잘났다', '미인이다'라는 등의 이 세상 말로는 도저히 표현할 수 없을 만큼 아름다운 관세음보살이 나타납니다.

때로는 연꽃 위에 서서, 때로는 공중을 둥둥 떠다니는 연꽃을 타고, 때로는 성큼성큼 걸어와서는 기도하는 사람의 등을 톡톡 두드리며 속삭입니다.

"장하다. 정말 잘하는구나."

때로는 이마를 어루만져주며 인정을 해줍니다.

"네가 그토록 나의 이름을 열심히 불렀으니, 이제 깨달음의 눈을 주리라. 기도는 그만하도록 해라."

하지만 이 등장인물이 불보살이 아니라, 바로 '순경계의 훼방꾼'이라는 것을 잊어서는 안 됩니다.

이 순경계의 훼방꾼을 극복하지 못하고 정진을 그만 두면 어떠한 업도 녹이지 못하고, 다시 업보중생의 자리로 돌아가 버립니다. 어떤 때는 더 나쁜 결과 속으로 굴러떨어져 버리고 맙니다.

아울러 기도나 참선 등의 수행을 꾸준히 하다 보면 광명이 계속 나타나기도 하고, 평소에 느껴 보지 못했던 신비한 경계가 눈앞에 보이는 경우가 많습니다. 앞날이 또렷이 보이기도 하고, 남의 운명이 그대로 비치기도 하며, 불보살님이 나타나 시험을 하겠다고 하는 경우도 있습니다. 나 또한 그러하였습니다.

❀

6·25가 완전히 끝나기 몇 달 전인 1953년, 나는 보경사 서운암에서 능엄주 기도를 시작하였습니다. 그런데 70일쯤 되었을 때부터 심한 장난이 붙기 시작했습니다. 새벽녘이 되어 눈을 뜨면 '오늘 몇 시에 어디에 사는 누가 온다'라는 생각이 드는데, 정말 그때가 되면 그 사람이 나타났습니다.

며칠이 더 지나자 가만히 방에 앉아 이십 리 삼십 리

밖의 신도들 집이 다 보였습니다. 뿐만이 아닙니다. 생각만 일으키면 눈앞에 있는 TV를 보듯이 동네의 모든 집이 보이고, 사람들의 이야기 소리도 들리는 것이었습니다. 밥상 위의 반찬이 무엇이며, 어떻게 하루를 보내고 있는지가 낱낱이 보였습니다.

더 이상한 것은 어떤 사람이 내 앞에 서면 그 사람의 몸이 마치 투명체처럼 다 들여다보이고, 뼈 마디마디까지 그대로 보였습니다. 그 사람은 아직 아무것도 못 느끼고 있건만, 병이 어디에서 시작되어 어디까지 진행되었으며, 얼마 후면 어느 자리에서 어떻게 아픈 상태가 벌어진다는 것이 내 눈에는 다 읽혀졌습니다.

또 아픈 사람에게 내 생각대로 앞에 있는 나뭇가지를 하나 꺾어주면서 '이 가지의 잎을 씹어서 잡수시라'든지, 풀뿌리를 뽑아 '이걸 달여 먹으면 낫는다'고 하면, 약도 아닌데 분명히 그 사람의 병이 낫는 것이었습니다.

이듬해가 되자 나는 덕숭산 정혜사로 갔습니다. 그곳에서 도를 깨달은 금봉錦峰스님께 경험했던 일들을 자랑처럼 말씀드렸더니 대뜸 호통을 치셨습니다.

"이 마구니 새끼! 중노릇을 한 게 아니고 마구니 노릇을 했구나. 너 같은 놈 살려 놓으면 여러 사람을 망쳐 놓는다. 당장 주문을 버리든지 이 자리에서 죽든지를 택해라."

그날부터 스님께서는 일체 바깥 출입을 못하게 하셨고, 곁에 머물게 하시어 '아무것도 하지 말라'며 엄히 단속해주셨기에, 겨우 이 경계를 극복할 수 있었습니다.

8

이렇듯 기도·참선·사경·관행觀行 등을 닦다가 새로운 능력이 나타나면, 자신도 모르는 사이에 신기하고 흥미로운 이 경계 속으로 빨려 들어가 버리는 수가 많습니다.

정녕 이때가 문제입니다. 이때 조심하지 않으면 안 됩니다. 이러한 현상들은 번뇌 때문에 일렁거리던 자기의 마음이 맑아져서, 이제까지는 보이지 않던 무엇인가가 또렷이 비치는 것일 뿐, 아직은 완전히 맑아지고 밝아진 경지가 아닌 것입니다.

그러므로 이러한 때에 스스로의 자세를 더욱 가다듬

지 않으면 돌이킬 수 없는 나락으로 떨어지고 맙니다.

정녕 수행의 훼방꾼들을 잘 극복하려면 기도나 참선 중에 나타나는 순順과 역逆의 모든 경계를 뛰어넘어야 합니다. 그 어떠한 것도 마장魔障에 불과하다는 것을 확실히 알고 임해야 합니다.

절대로 새로운 경지에 재미를 느끼지 마십시오.

'지금 내가 하고 있는 이 정진 이외에는 모두가 아무 것도 아니다. 무엇이 다가오든 내 알 바가 아니다. 모두 놓아 버리고 내 공부로 돌아가리라!'

진실로 이러한 자세로 정진해야 흔들림 없이 깨달음의 경지로 나아갈 수 있습니다. 하물며 앞일이 보인다고 하여, 남의 운명이 비친다고 하여 재미를 느낀 데서야 어느 세월에 원래의 자리로 돌아가겠습니까?

수행을 하다 보면 고비가 많습니다. 그러나 그와 같은 고비는 하나하나 넘겨야 합니다. 지금 넘어서지 못하면 다시 번뇌망상의 괴로운 삶 속으로 돌아가야 합니다. 번뇌가 없는 원래의 깨달은 자리가 아니라, 끝없는 방황과 윤회의 삶 속으로 돌아가야 합니다.

참으로 자신을 사랑한다면, 얕거나 깊거나를 가릴

것 없이 다가서는 훼방꾼들을 극복하면서 부지런히 수행하십시오. 기도를 하든 참선을 하든 염불을 하든 경전공부를 하든, 삼매를 이루고 부처님의 가르침을 제대로 이해할 때까지 노력하고 또 노력해야 합니다.

그리하여 부처님의 가르침을 제대로 이해하고 삼매를 이루게 되면, 나고 죽음이 없다는 것을 체험할 수 있게 되고, 나고 죽음이 없음을 확실히 깨닫고 나면 이 세상이 그렇게 편안할 수가 없습니다. 이 세상이 그대로 편안하고 행복한, 영원생명·무한광명이 가득찬 극락의 세계로 바뀝니다.

우리가 두려워해야 할 것은 결코 훼방꾼이 아닙니다. 우리의 수행하는 자세입니다. 자세만 바르면 훼방꾼들은 오래 벗하지 않습니다. 그리고 우리에게 어떠한 해도 끼치시 않습니다.

오히려 일어나는 번뇌망상과 고비고비에 모습을 나타내는 각종 훼방꾼들이 우리를 출격대장부出格大丈夫로 만들어준다는 것을 기억하면서, 부지런히 부지런히 정진해야 합니다.

마음공부 잘하는 법

꾸준히만 하라

다시 한번 강조하지만, 기도·염불·참선·사경·독경 등의 공부를 하다 보면, 우리의 마음을 흔드는 장애들이 수없이 찾아듭니다. 기쁨의 장애·슬픔의 장애·두려움의 장애가 찾아들기도 하고, 망상과 졸음이 온몸을 휩싸 우리를 수행과는 전혀 관계없는 상태로 빠뜨려 버립니다.

바로 그러할 때, 어떻게 공부해야 수행의 장애를 극복하고 좋은 결과를 이루어 낼 수 있는가? 어떤 특별한 비결은 없는가?

하지만 안타깝게도 특별한 비결이란 존재하지 않습니다. 굳이 특별한 비결을 이야기하라면 '꾸준히만 해나가라'는 것 외에는….

장애를 이기는 방법은 실로 꾸준히 해 나가는 길밖에 없습니다. 기쁨·슬픔·두려움의 장애가 걷잡을 수 없이 일어나 수행을 방해할지라도, 꾸준히 하는 사람은 이기지 못합니다.

일정 기간을 정해 놓고 기도·참선 등의 수행을 할 때, 반 이상의 기간이 지나면 여러 가지 장애가 일어나 수행을 영영 다른 길로 몰아갈 것 같지만, 그 실제 수명은 7일 또는 10일 정도에 불과합니다.

끝없이 웃음이 터져 나오더라도 끊임없이 기도를 하고, 슬픔에 잠겨 목탁을 팽개치게 될지라도 눈물을 흘리며 계속 기도를 하고, 공포에 휩싸여 법당에 들어가기 싫을지라도 억지로 들어가서 계속 기도를 하면, 10일 정도 후에는 다시 원래의 상태로 돌아와 기도를 더욱 잘할 수 있습니다.

결코 그러한 때에 꺾이면 안 됩니다.

'내가 기도는 잘하고 있는가?'

'내 수행에 마장이 끼었는가?'

이런 생각을 하면서 동요하게 되면, 수행이 하기 싫어지고 수행을 포기하게 됩니다. 자연, 수행도 허사로 돌아가고, '나'는 원래 자리로, 아니 원래보다 더 못한 자리로 떨어지게 됩니다.

반대로 흔들림 없이 원래 하고 있던 기도·참선 등을 계속하게 되면, 의지할 곳을 잃은 장애는 저절로 떨어져 나가고, '나'는 보다 높은 경지로 나아가게 되는 것입니다.

실로 참선을 하여 도를 깨닫고 기도를 하여 소원을 성취하는 것은 성심껏 꾸준히 한 결과일 뿐, 별다른 비결이 있어 이루어지는 것은 아닙니다. 곧 온 마음 온몸으로 전심전력을 다할 때 도는 저절로 이루어집니다.

❀

옛날, 두 스님이 함께 정진을 하며 약속했습니다.

"먼저 도를 깨닫는 사람이 남은 사람을 제도해주자."

두 스님은 서로 경쟁을 하며 열심히 도를 닦았습니

다. 한 스님이 조실祖室스님을 찾아가면, 다른 스님은 몰래 뒤따라가서 '무슨 이야기를 하는지' 엿듣기까지 하였습니다. 그야말로 선의의 경쟁을 한 것입니다.

그러던 어느 날, 한 스님이 조실스님 방으로 들어가서 문답을 하는데, 마지막의 한마디가 떨어지기 무섭게 조실스님께서 무릎을 탁 치며 인가를 하는 것이었습니다.

"네가 도를 깨쳤구나."

며칠 후 조실스님은 대중들을 모아 선언을 했습니다.

"이 산중에 새로운 도인이 탄생하였다. 그에게 나의 자리를 넘기나니, 대중들은 새 조실스님을 모시고 부지런히 정진하라. 나는 다른 곳으로 떠나려 하노라."

도를 깨달은 스님이 조실이 되자, 도를 깨닫지 못한 스님이 부탁을 했습니다.

"우리가 약속한 것을 잊지 않고 있겠지? 자네와 조실스님께서 나누는 대화는 모두 엿들었는데, 마지막 한마디를 놓치고 말았네. 그 한마디를 가르쳐주어서, 나도 도를 이룰 수 있도록 해주게."

"그래, 그 약속은 분명히 지켜야지. 하지만 지금은 입장이 약간 달라졌어. 나는 조실이 되었고 자네는 아직 깨치지를 못하였으니, 앞으로 3년 동안 내 시봉侍奉 노릇을 하게. 3년이 지나면 자네가 놓친 대화를 일러주겠네."

나이 차이도 없는 친한 친구 밑에서 3년 동안이나 시봉을 한다는 것. 인간적으로 보면 참으로 야속한 노릇이었지만, 오직 '도'를 이루기 위해 수락했습니다.

"좋다."

그날로부터, 겉으로는 정성껏 친구 조실스님을 모셨지만 속으로는 감정이 부글부글 끓었고, 그 마지막 한마디를 놓친 것이 그렇게 안타까울 수가 없었습니다. 스님은 마음고생으로 바싹바싹 말라갔습니다.

"마지막 그 한마디를 제발 가르쳐주시오."

"3년 시봉이 끝나면 가르쳐주지. 그전에는 안 돼."

가끔씩 질문을 하여도 조실스님은 답을 주지 않고, 자꾸만 말라가는 친구를 부려먹기만 했습니다. 날이 갈수록 시봉하는 스님의 몸은 야위어갔고, 약속한 3년이 거의 다 되었을 때는 죽을 지경에까지 이르렀습니다. 마침내 시봉스님은 결심했습니다.

'그 한마디가 도대체 무엇이건대? 저놈의 새끼! 조실이고 지난날의 도반이고 이젠 보기조차 싫다. 확 죽여 버릴 거다. 친구 사이에 3년을 시중들게 해 놓고 끝내 말 한마디를 아까워하는 놈! 그래, 나를 말려 죽여라. 죽기 전에 네놈부터 죽여 버리리라.'

시봉스님은 칼을 갈았습니다. 그리고 조실스님께 마지막으로 간청했습니다.

"나의 목숨도 이제 며칠이 남지 않은 듯합니다. 제발 죽기 전에 마지막 그 한마디를 가르쳐주십시오."

하지만 조실스님은 냉랭했습니다.

"3년이 덜 찼으니 안 된다."

"마지막 소원이요. 제발 가르쳐주시오."

아무리 간청을 해도 조실스님이 꿈쩍도 하지 않자 화가 머리끝까지 치밀었습니다.

"이놈아! 한평생을 도반으로 지내면서 거듭거듭 약속까지 해 놓고, 이제 와서 못 가르쳐줘? 에잇, 이 나쁜 놈! 죽여 버릴 테다."

시봉스님이 칼을 들고 달려들자 조실스님은 싱긋이 웃으며 말했습니다.

"그 말이 그렇게도 듣고 싶나?"

"그래, 꼭 들어야겠다."

"그래? 내가 말해주지 않으면 어떻게 할래?"

"그때는 너 죽고 나 죽는 거다."

"그 말 듣는 것을 우리 둘의 목숨보다 더 귀하게 여긴다면 내 말해주지. '밥그릇이 무슨 소용 있습니까?'라고 했다."

그 말을 듣는 순간 시봉스님은 홀연히 대오大悟하였습니다. 깨치고 나니 죽이고 싶도록 미웠던 도반이 얼마나 자기를 위해주었는가를 알 수 있었고, 병 또한 씻은 듯이 나았습니다. 그는 도반인 조실스님의 은혜에 감사하면서 다시 3년 동안을 정성껏 시봉했습니다.

૪

이 이야기를 통해 알 수 있듯이 '간절한 의심', 그것이 시봉스님의 도를 이룰 수 있게 한 것입니다. 깊은 도를 닦는 이들은 명심해야 합니다. 목숨조차 마다하고 전심전력을 다하는 그 속에 도가 있다는 것을….

전심전력 속에 도가 있다

그 누구도 전심전력하는 사람은 막을 수 없습니다. 아무리 지독한 업장도 전심전력하는 사람은 이길 수 없습니다.

전심전력을 하다 보면 '마음의 힘이다', '육체의 힘이다' 할 것 없이, 온통 똘똘 뭉쳐진 수행의 기운만 남게 되고, 그 기운이 모든 장애와 마구니를 뚫고 나아가 끝까지 가 버리게 되면 저절로 이루어지는 것입니다.

"밥그릇이 무슨 소용 있습니까?"

곧 '조실스님께서 깨달음의 신표로 주는 바리때가 무슨 소용이 있습니까?'라고 한 말이 어떻게 도를 이루게 할 수 있었겠습니까?

인생의 걸림돌, 수행의 걸림돌은 결코 장애가 아닙니다. 결국은 '나'의 자세입니다. 전심전력을 다하고 성의를 다하면 장애는 저절로 사라지고, 바라는 일은 그대로 다 이루어지게 되어 있습니다.

장애가 생기면 오히려 스스로에게 다짐하십시오.

'지금이 고비요 지금이 기회다. 도道가 익으면 마魔도 성해지는 법. 지금의 장애는 도가 익어 가고 있음을 알려주는 것이요, 장애야말로 나의 업이 녹는 모습이다.

모든 장애는 도를 이루는 밑거름이 되니, 어찌 이 좋은 기회를 스스로 놓치리. 어떠한 장애가 올지라도 벗하지 말고 한결같이 나아가자. 한결같이 행하기만 하면 성취가 가깝고 깨달음이 가깝다.'

이렇게 다짐하면서 꾸준히 공부를 지어 가야 합니다. 관세음보살을 찾고 있으면 더욱 열심히 관세음보살을 찾고, 화두 참선을 하고 있으면 더욱 열심히 화두를 들어야 합니다. 완전히 자리가 잡힐 때까지 꾸준히 공부를 지어 가야 합니다.

우리가 기도를 하거나 참선을 할 때 중도하차를 하는 것은 자리를 잡지 못하였기 때문인데, 자리를 잡기 위해서는 여러 고비를 넘기고 또 넘겨야 합니다. 마치 어린아이가 숟가락질을 배울 때처럼 해야 합니다.

어린아이가 처음 숟가락질을 할 때는 어머니가 숟가

락을 잡는 법에서부터 숟가락으로 밥을 뜨고 국을 뜨는 법을 가르칩니다. 그때 아이는 숟가락을 이상하게 잡기도 하고 자기 입에 넣는 밥도 자꾸자꾸 흘립니다. 하지만 조금만 익숙해지면 아이의 숟가락질은 차츰 익숙해지고, 마침내 스스로 요령을 습득하여 깜깜한 곳에서도 밥을 흘리지 않고 입안으로 잘 넣게 됩니다.

이처럼 처음 기도나 참선을 하는 사람이 정신을 모아서 꾸준히 행하다 보면 공부의 요령도 차츰 자리를 잡게 되고 생활 속에서의 집중력도 높아지게 됩니다.

결코 밖에서 기대하지 마십시오. 누구도 '나'의 공부 자리를 잡아주는 이는 없습니다. 오직 나만이 나의 공부 자리를 잡을 수 있습니다.

흔들림 없는, 안정된 공부자리를 잡을 때까지 우리는 애를 쓰고 노 애를 써야 합니다. 의식의 상태가 아니라, 잠재의식과 무의식의 상태에서도 저절로 화두가 들리고 염불이 될 수 있는 자리까지 가야 올바른 성취를 보게 됩니다.

보다 냉정하게 이야기하면, 우리가 일상생활에서 경험하는 '의식意識의 상태'에서는 절대로 시간과 공간을 초월한 차원을 체험할 수 없습니다.

하지만 공부가 자리를 잡을 때까지는 끊임없이 의식을 동원해야 합니다. '이 무엇고' 화두를 하면 일부러 의식을 움직여서 '이 무엇고'를 하고, 관세음보살을 염하면 일부러 의식을 깨워서 내가 부르고 있는 '관세음보살'의 소리를 들어야 합니다.

일부러 의식을 움직이고 의식적으로 생각을 끌어내는 이 상태에서는 시간과 공간을 넘어선 자리를 체험할 수 없지만, 죽으나 사나 그렇게 하는 것 외에는 다른 방법이 없습니다. 억지로라도 의식을 불러일으켜 '이 무엇고'·'관세음보살'을 하고, 잊어버리고 놓쳐 버리면 또 의식적으로 하고 또 하고….

이렇게 노력을 하다 보면 나중에는 말이 필요없고 설명이 필요없는 제3의 세계, 시간과 공간을 넘어선 자리를 체험하게 됩니다.

물론 기도나 수행을 하다 보면 고비가 많습니다. 왜 고비가 많고 장애가 많은가?

시작 없는 옛적부터 탐욕과 성냄과 어리석음에 젖은 채 너무나 많은 산을 쌓고 너무나 많은 구덩이를 파며 살아왔기 때문입니다. 그러므로 계戒·정定·혜慧 삼학을 닦는 이 순간에, 스스로가 파 놓았던 수많은 장애들이 모습을 드러내어, 부처가 되는 수행의 길을 가로막는 것입니다.

고비를 만나고 장애가 찾아들면 겁을 먹지 말고 용맹스러운 자세로 임하십시오.

'일이 터질 테면 터져라.'

이렇게 작정하고 참선·기도 등에 전심전력으로 몰두하여 삼매의 길로 들어서십시오. 정녕 이렇게만 공부를 지어 가면 두려울 것이 없습니다. 공포심도 환희로움도, 짐짓 나타나는 불보살의 모습도 '나'를 흔들지 못합니다.

그리고 흔들림 없는 자리에 들어가게 되면 공부의 끝이 보이게 됩니다. 잊지 마십시오. 장애를 이겨내고 성취를 이루는 데는 특별한 비결이 없습니다. 흔들림 없이 꾸준히 하는 것. 그것밖에는 특별한 비결이 없습니다. 깊이깊이 명심하여 공부를 지어 가시기 바랍니다.

점검을 받으며

또 하나 당부드릴 것은 참선·염불·주력·경전공부 등을 '멋대로 하지 말라'는 것입니다.

참선공부든 경전공부든, 우리 불가의 공부를 시작할 때는 큰스님이나 훌륭한 선지식의 가르침을 받아 시작해야 합니다.

그리고 공부를 하다가 모르는 것, 걸리는 것, 갈등이 생기는 것이 있으면 스승의 자격을 갖춘 분께 반드시 물어서 해결하고, 공부가 어느 정도 이루어졌다고 여겨질 때도 꼭 점검을 받아야 합니다.

요즈음 공부하는 이들은 너무 쉽게 '공부를 올바로 가르쳐줄 스승이 없다'고 단정하는 경우가 많습니다. 하지만 우리가 공부를 하는 이상에는 반드시 스승 또한 있기 마련입니다. 오히려 문제는 스승이 없다는 생각과 제멋대로 나아가는 자세에 있습니다.

"스님, 저는 이러한 사연 때문에 관세음보살을 부르기 시작하였고 이렇게 관세음보살을 염하고 있습니다.

저의 원顯이 혹시 그릇되지나 않은지? 그 방법은 맞는지 지도해주십시오."

"공부를 짓다 보면 마음이 이러하고, 이런 생각이 많이 일어납니다. 그 생각들은 어떻게 다스려야 하는지요?"

"이상하게도 꿈속에서 계속 누가 보이고 그 꿈은 이렇게 전개됩니다. 어떻게 해석하는 것이 옳을까요?"

이렇게 공부 중에 일어나는 여러 가지 현상들을 솔직히 털어놓고 지도를 받아야 합니다. 훌륭한 스승들은 그 솔직한 이야기를 들으면 그 사람이 '바른길로 가고 있다', '옆길로 가고 있다', '잘못되었다'는 것을 금방 파악을 하고 교정을 해줍니다.

물론 훌륭한 스승이 주위에 많지는 않습니다. 자기의 공부에 대해 탁 털어놓고 대화를 나눌 수 있고 지도를 받을 수 있는 분들이 어찌 많겠습니까? 그러나 공부에 대한 열의가 있으면 스승도 반드시 있기 마련입니다.

그리고 정녕 주위에서 지도를 받을 수 있는 큰스님이나 선지식을 찾을 수 없으면 불경이나 쉬운 불교서적을 꼼꼼히 새겨 읽으면서 길을 찾는 것도 한 방법입니다.

결코 불교공부가 쉽지만은 않습니다. 참선공부뿐만이 아니라 '관세음보살'을 부르는 염불도, 천수다라니를 외우는 공부도 마음대로 되지는 않습니다. 어찌 해탈을 이루는 이 공부들이 쉽겠습니까?

그래서 옛스님들은 '정진하는 사람일수록 세밀해야 함'을 거듭거듭 강조하셨고, '해탈의 공부가 어렵고 또 어렵다는 것'을 수많은 경책과 꾸지람을 통하여 깨우쳐주셨습니다.

명심하고 또 명심하십시오. 공부인이 두려워할 것은 장애가 아닙니다. 멋대로 공부하는 '나'의 자세가 문제요, 꾸준히 하지 않는 '나'의 자세가 문제입니다.

그러므로 참선·염불·주력·경전공부 등의 마음공부를 하는 불자들은 굳건한 신심과 원력으로 기초를 다지고, 훌륭한 스승과 경전 등을 나침반으로 삼아 끊임없이 점검하고 점검을 받으며 정진해야 합니다.

이제 수행을 방해하는 장애의 정체가 무엇인지를 밝힌 옛이야기 한 편을 소개하면서 마무리를 짓습니다.

한 스님이 선방에 들어가 부지런히 참선을 하고 있었습니다. 졸음과 싸우고 산란한 마음을 다스리며 화두 정진하기를 50여 일, 그런데 이상하게도 그날부터는 자리에 앉아 정진하기만 하면 커다란 거미가 나타나 마음을 흔들어 놓는 것이었습니다.

스님은 거미의 환상을 떨쳐 버리고자 했습니다. 눈을 비벼도 보고 부릅떠 보기도 하고 손을 휘저어 보기도 하고 화두에 더욱 몰두하며 거미를 잊고자 했습니다. 하지만 거미는 사라지지 않았고, 오히려 그 모습이 더욱더 선명해지는 것이었습니다.

마침내 견딜 수 없었던 스님은 조실스님께 그 사실을 털어놓았습니다.

"조실스님, 참선을 할 때마다 거미가 나타나서 제 마음을 산란하게 합니다. 참선을 끝낼 때까지 그놈은 사라지지 않고 저만 노려봅니다. 아무리 애를 써도 그놈은 사라지지 않습니다. 스님! 도대체 어떻게 해야 거미로부터 벗어날 수 있습니까?"

"그래? 다음에 또 그놈이 나타나거든 붓을 가지고

있다가 얼른 그놈의 배 위에 동그라미를 그리도록 해라. 어디서 온 놈인지 함께 보자꾸나."

그날 저녁 스님은 먹과 붓을 준비하여 선방으로 들어갔고, 좌선 중에 거미가 모습을 나타내자 곧바로 붓을 들어 거미의 배에다 동그라미를 그렸습니다. 순간 거미는 사라졌고, 스님은 평온한 마음으로 정진할 수 있었습니다.

하지만 좌선이 끝났을 때 스님은 소스라치게 놀라지 않을 수 없었습니다. 자신의 배 위에 바로 그 동그라미가 그려져 있었던 것입니다.

𑀸

장애, 그리고 마음공부….
나무마하반야바라밀.

해탈의 길 성불의 길

신심이 없으면 해탈도 없다

불교는 '무조건 믿는' 종교가 아닙니다. 부처님께서는 '무조건 듣고 무조건 믿어라'는 말씀을 하지 않습니다. 오히려 부처님께서는 남의 말을 따라가기 이전에 똑똑히 보고 똑똑히 듣고 자세히 생각해 볼 것을 강조하셨습니다.

①바로 보고〔正見〕 바로 생각하여라〔正思〕.

②바로 보고 바로 생각하여 '틀림없는 가르침이다'라

고 판단되면 믿어라.

③믿음을 일으켰거든 흔들리지 말아라.

이것이 부처님께서 일러주신 '믿음'입니다.

흔들리지 않는 믿음! 흔들리지 않으면 갈등이 없습니다. 흔들리지 않으면 능히 원願을 성취할 수 있습니다.

그런데 과연 우리는 어떠합니까? 흔들림 없이 믿고 있습니까? 진실로 부처님이 좋고 부처님 말씀이 좋다면 목숨이 떨어져도 흔들리지 않을 만큼 확고히 믿어야 합니다.

한걸음 더 나아가, 불교의 궁극 목표인 부처가 되기 위해서는 단순한 믿음이 아니라 신심이 굳건해야 합니다.

그럼 신심信心은 무엇인가? "나에게는 부처님과 조금도 다를 바 없는 마음자리가 있고, 그 마음자리를 개발하면 나도 틀림없이 부처가 될 수 있다"는 확신을 가지는 것입니다.

단순한 믿음, 부처님께 의지만 하는 믿음으로는 절대

로 불교의 최종 목표를 이룰 수 없습니다. '부처가 되겠다'는 서원과 '나의 마음만 개발하면 나도 부처가 될 수 있다'는 확신이 없으면 어떠한 수행을 하더라도 마지막 결실을 맺을 수가 없습니다.

이제부터 우리는 바뀌어야 합니다. 생불生佛을 몰라보고 살아가는 삶이 아닌지를 스스로에게 물어보아야 합니다.

우리 주위의 모든 존재는 불성종자佛性種子를 지닌 부처님들입니다. 다만 살아 있는 부처가 번뇌에 의해 가리워져 있을 뿐입니다. 우리는 번뇌로 인해 가리워져 있는 산 부처님들과 함께 살아가고 있는 것입니다.

하지만 우리는 어떻습니까? 매일같이 살아 있는 부처는 괄시하고, 죽은 부처에 대해서는 두려워하며 살고 있지는 않습니까?

부처님·하나님·귀신 등 당장 눈으로 볼 수 없고 있는지 없는지조차 분명히 확인할 수 없는 존재에 대해서는 두려움을 느끼고 존경하면서, 함께 생활하고 있는 산 부처님들에게는 무시하고 속이고 대들고 있지 않은지….

옛 스승들은 말씀하였습니다.

"모든 사람을 부처님으로 보라. 부처님께서 욕하신
다면 배울 일이요 깨우쳐 볼 일이다."

모든 사람을 부처님 대하듯 할 수 있는 불자라면 결
코 깨달음이 멀리 있지 않습니다. 왜냐하면 그와 같은
이는 쉽게 '나'의 굴레를 벗어던지고 계戒·정定·혜慧
삼학三學을 이룰 수 있기 때문입니다.

그리고 이와 같은 이유에서 나는 "부처님께 절을 하
듯이 배우자·자식에게 기꺼이 절을 할 수 있는 사람이
되라"는 말을 즐겨합니다.

정녕 나의 부모, 나의 형제, 나의 배우자, 나의 자녀
를 부처님처럼 받들고 존경하며 살아 보십시오. 좋지
않은 모든 업이 저절로 녹고 아름다운 인연이 뿌리를
내리게 됩니다.

물론 우리들 속에는 깊은 이기심이 도사리고 있기 때
문에, 처음에는 주위 사람을 부처님처럼 대하기가 무척
어려울 것입니다. 하지만 어렵더라도 마음을 가다듬고

생각을 바꾸어 보십시오. 자꾸 노력하다 보면 반드시 이룰 수 있게 됩니다.

모든 사람을 부처님으로 보는 것! 이것이 대승보살 불교의 첫걸음이라는 것을 깊이 명심하고 꾸준히 노력하시기 바랍니다.

또 한 가지는 '신심信心의 주춧돌'이 올바로 놓여 있는가를 반문해 보는 것입니다.

과연 나는 어떠합니까? 결코 흔들리지 않는 신심의 주춧돌에 놓여 있습니까?

'꼭 이룰 수 있다'는 신심의 주춧돌이 놓여 있지 않으면 그 무엇도 이루어지지 않습니다. '확실히 부처가 될 수 있다', '분명 도를 깨칠 수 있다'는 믿음이 없으면 이룰 수가 없습니다.

왜입니까? 믿음이 없으년 힘을 다해 실천을 할 수 없기 때문입니다. 반신반의하고 있으면 이미 틀려 버린 것입니다.

나는 어떻게 하고 있는가

이제 스스로에게 물어보십시오. 나 자신은 과연 어떠한지를….

  절에는 열심히 다니지만 부처님 가르침과는 10만 8천 리 떨어진 생활을 하고 있지는 않습니까?
  내 욕심을 채우기 위해 불교를 믿는 것은 아닙니까?
  다른 사람들로부터 '신심이 장합니다', '거룩합니다', '훌륭합니다'라는 말을 듣고는 있지만, 내실을 기하지 못한 채 살아가고 있지는 않습니까?
  부처를 이루는 불사佛事를 행하며 사는 것이 아니라, 눈앞의 행복만을 위해 불교를 믿는 것은 아닙니까?

만일 이렇게들 살고 있다면 믿음의 주춧돌을 다시 놓아야 합니다.
  불교는 '마음이 곧 부처'라는 확고한 믿음 속에서 스스로 실천하고 스스로 깨닫는 종교입니다.
  정녕 이 뜻을 분명히 알고 있다면, 앞으로는 '부처님

만 믿습니다', '스님만 믿습니다' 하는 자세부터 버려야 합니다. 내 마음〔心〕이 부처〔佛〕임을 믿고〔信〕 스스로 해결한다는 자세로 열심히 살아가야 합니다.

그리고 신심의 주춧돌이 완전히 놓일 때까지는 주위의 큰스님이나 선지식에게 기꺼이 꾸중을 듣고 채찍질을 받기도 해야 합니다. 내 멋대로 믿고 내 멋대로 공부하는 것이 아니라, 부처님 가르침의 핵심을 찾아 믿고 이해하고 실천하며 살아야 합니다.

만일 어떤 스님이 '이 무엇고' 화두를 주었다면, 그 화두가 자리를 잡을 때까지 계속 지도를 받아야 합니다. 지도를 받다 보면 꾸중도 듣고 괄시도 받고 가끔은 욕도 먹을 테지만, 화두가 나의 것이 될 때까지는 악착같이 가르침을 받아야 합니다.

때로는 괄시가 서러워, '에잇, 빌어먹을! 너 아니면 스승이 없냐? 다시는 안 온다'는 결심도 하겠지만, 공부를 이루겠다는 일념으로 다시 찾아가 배움을 청해야 합니다. 끈기를 가지고 선지식을 찾아가 지도를 받아야 합니다.

'나'에게 잘해주고 자상하게 대하는 스승만 따를 것

이 아니라, '나'의 신심을 단련시켜주고 차돌처럼 단단하게 만들어줄 스승을 찾을 줄 알아야 합니다.

인내와 끈기! 이것이 빠지면 공부의 성취는 요원할 뿐입니다.

부디 인내와 끈기를 가지고 공부에 임하십시오. 인내와 끈기로 공부를 하다 보면 확고한 믿음의 주춧돌이 마음밭에 놓이게 되고 반드시 깨달음을 이룰 수 있게 됩니다.

어찌 참선공부뿐이겠습니까? 염불·기도·경전공부·보살행 등 부처를 이룰 수 있게 하는 모든 공부가 다 마찬가지입니다. 스스로 노력하고 또 노력하여 '나'와 그 공부가 둘이 아니게 될 때 신심의 주춧돌은 확고히 자리를 잡게 되고, 신심이 확고해질 때 깨달음은 나에게로 다가옵니다.

결코 흔들리지 마십시오. 흔들림 없는 신심! 그 속에 부처님의 세계가 있고 진리의 세계가 있습니다. 우리가 한껏 누릴 수 있는 행복의 세계도 그 속에 있고 불가사의한 기적의 세계도 그 속에 있습니다.

근본 마음자리에 대한 믿음의 주춧돌을 확고히 정립

하여 향상의 길로 나아가면 틀림없이 부처님께서는 우리를 맞이하여 앉으신 자리의 반을 나누어주실 것입니다.

이理와 사事를 분명히

정녕 신심이 확고한 사람이 성불의 길, 해탈의 세계로 나아가는 것은 그다지 어려운 일이 아닙니다.

해탈, 그것은 불교의 목표입니다. 바꾸어 말하면 불교는 벗어나는 종교입니다. 생사윤회의 수레바퀴에서 벗어나고 번뇌망상 속에서 벗어나고 괴로움에서 벗어나고 업의 굴레에서 벗어나는 것이 불교입니다.

해탈은 절대로 방종이 아닙니다. 마음대로, 마구잡이로 하는 것은 해탈이 아닙니다. 참된 해탈인은 진리에 입각하여 일을 판단하고 실천을 합니다. 내가 하는 일의 원인과 결과를 분명히 알고 행동합니다.

그런데 공부가 어느 정도 익으면 정진의 강한 기운에

휩싸여 거침없이 행동하는 경우 또한 없지 않습니다. 이러한 때에 공부인은 지극히 조심해야 합니다. 조심하고 또 조심하여, 어떠한 행동을 하여도 진리에 어긋나지 않고 대우주의 질서를 무너뜨리지 않는 이사무애理事無碍의 경지에까지 도달해야 합니다.

❀

일제강점기 말에 만공滿空노스님은 수덕사 금선대에 계시면서 정혜사 선방에 있는 40여 명의 수좌들을 지도하였습니다. 그 수좌들 중에는 운봉·금봉·고봉스님 등 한 소식을 하였다고 자부하는 젊은 도인들이 있었습니다. 젊은 도인들은 스스로의 기운에 못 이겨 어떤 때는 하루 종일 곡차를 마시기도 하고, 만공스님과 선문답도 하고, 자기네들끼리 모여 도담道談을 나누기도 하였습니다.

어느 날, 그들은 수덕사 밑의 수덕재에 있는 주막으로 가서 그 집의 곡차를 몽땅 비운 다음, 한밤중이 되어서야 정혜사 선방으로 돌아왔습니다. 그들은 선방문을 열고 들어서다가, 텅 빈 선방에 만공 노스님께서 혼자 앉아 계신 것을 발견하였습니다.

　이미 방으로 들어선 사람은 다소곳이 서고, 아직 들어서지 못한 사람은 조용히 물러서면서 만공 노스님의 눈치를 살피고 있는데, 금봉스님이 방안으로 들어서며 버럭 소리를 지르는 것이었습니다.

　"만공! 너는 조실이 아니다. 여기는 네가 있을 자리가 아니다."

　그리고는 가부좌를 틀고 앉아 계신 만공 노스님의 한쪽 귀를 잡고 당겼습니다.

　"아야!"

　금봉스님은 한쪽 옆으로 넘어지며 소리치는 만공 노스님의 귀를 잡은 채 그 큰 정혜사 선방을 돌기 시작했습니다. 만공 노스님은 기어가는 자세가 되어 질질 끌려가면서 젊은 수좌를 달랬습니다.

　"아야! 이 사람아. 아프다. 놓아다오. 이 사람이 술 취했나? 이거 놓게. 귀 떨어지겠다."

　스승의 귀를 잡고 선방을 무려 세 바퀴나 돈 금봉스님은 만공 노스님을 방문 밖으로 밀어 땅바닥에 주저앉게 만들었습니다.

하지만 만공 노스님은 귀를 잡혀 짐승처럼 끌려다니면서도 조금도 화를 내지 않았고, 방문 밖으로 나가떨어진 다음에도 아무런 말씀 없이 툴툴 털고 일어나 금선대로 돌아갔습니다.

무서운 칼날은 그 이튿날 아침 만공 노스님께서 금봉스님을 불러들이면서 번뜩이기 시작했습니다.

"금봉! 어젯밤의 일을 기억하느냐?"

만일 기억을 하지 못한다고 한다면 스승에 대한 예의뿐 아니라 인간으로서의 자격도 모자라는 것이 됩니다. 금봉스님은 답했습니다.

"기억합니다."

"이理로써 그랬느냐? 사事로써 그랬느냐?"

평등무차별한 진리의 세계〔理〕 속에서 그와 같은 짓을 저질렀는가? 하나의 현상〔事〕으로 그와 같은 짓을 저질렀는가?를 물은 것입니다.

"사事로 그랬습니다."

"사事로써 그랬다면, 어른에게 그따위 짓을 할 수 있느냐?"

"잘못했습니다."

"잘못했으면 맞아야지."

평소 풍류가 남달랐던 만공 노스님은 단소를 늘상 지니고 다녔으며, 기운 또한 장사였습니다. 기운 센 만공 노스님이 단소를 집어 금봉스님의 엉덩이를 내리치자 살이 30㎝가량이나 터져 버렸습니다.

"물러가거라. 다시는 그따위 짓을 하면 안 된다."

§

이 얼마나 아름다운 스승의 모습입니까? 조그마한 미움도 분노도 없이 제자의 잘못을 고쳐준 만공 노스님…. 우리는 이와 같은 노스님의 가르침을 깊이 새겨 '나'의 것으로 만들어야 합니다.

공부가 어느 정도 이루어졌고 기운이 뻗친다고 하여 절대로 방종해서는 안 됩니다. 불교가 벗어버리는 해탈의 종교라고 하여 마음대로 해서는 안 됩니다.

평등 무차별한 진리의 세계에도 맞고 개개의 현상계 속에서도 조그마한 오류를 범하지 않는, 진정한 자유인의 길을 걸어야 합니다. 지금 이 시간과 이 공간 속에서 질서를 지키면서도 자유롭게 살 수 있는 존재가 되어야 합니다.

그리고 해탈의 길을 걷는 불자답게, 마땅히 일상의 틀에 사로잡힌 생활을 하지 말고 응용을 잘하면서 살아야 합니다. 헛된 굴레에 둘러싸여 살지 말고 운용의 묘妙를 살리며 살아야 합니다.

살리고자 하는 마음이 중요하다

그럼 그 기준은 무엇이겠습니까?

그것은 바로 이타利他입니다. 남을 돌아볼 줄 알고 남을 살리는 보살의 마음으로 살아야 합니다. 이에 대해서는 굳이 불교의 예를 들지 않겠습니다. 법도가 엄하기로 유명했던 조선시대의 대표적인 유학자 퇴계 이황李滉(1501~1570)선생의 이야기로 풀어 보겠습니다.

❀

퇴계선생의 맏아들이 21세의 젊은 나이로 세상을 떠

나자, 한창 젊은 나이의 맏며느리는 자식도 없는 과부가 되고 말았습니다.

'남편도 자식도 없는 젊은 며느리가 어떻게 긴 세월을 홀로 보낼까?'

퇴계선생은 홀로된 며느리가 걱정이었습니다.

그러던 어느 날 밤, 집안을 둘러보던 퇴계선생은 며느리 방으로부터 '소곤소곤' 이야기하는 소리가 새어 나오는 것을 듣게 되었습니다.

순간 마음이 얼어붙는 것 같았던 퇴계선생은 며느리의 방을 엿보았고, 젊은 며느리가 짚으로 만든 선비 모양의 인형과 술상을 사이에 두고 마주앉아 있는 것이 눈에 들어왔습니다. 며느리는 인형 앞의 잔에 술을 가득 채운 다음 말했습니다.

"여보, 한잔 잡수세요."

그리고는 인형을 향해 한참 동안 이런저런 이야기를 하다가 흐느끼기 시작하는 것이었습니다.

남편 인형을 만들어 대화를 나누는 며느리….

한밤중에 잠 못 이루고 흐느끼는 며느리….

퇴계선생은 생각했습니다.

'윤리는 무엇이고 도덕은 무엇이냐? 젊은 저 아이를 수절시켜야 하다니…. 저 아이를 윤리 도덕의 관습으로 묶어 수절시키는 것은 너무나 가혹한 짓이다. 인간의 고통을 몰라주는 이 짓이야말로 윤리도 아니고 도덕도 아니다. 여기에 인간이 구속되어서는 안된다. 저 아이를 자유롭게 풀어주어야 한다.'

이튿날 퇴계선생은 사돈을 불러 결론만 말했습니다.

"자네, 딸을 데려가게."

"내 딸이 무엇을 잘못했는가?"

"잘못한 것 없네. 무조건 데리고 가게."

친구이면서 사돈관계였던 두 사람이었기에 서로가 서로의 마음을 이해하지 못할 까닭이 없었습니다. 그러나 딸을 데리고 가면 두 사람의 친구 관계마저 절연絕緣하는 것이기 때문에 퇴계선생의 사돈도 쉽게 받아들이려 하지 않았습니다.

"안 되네. 사대부 집안에서 이 무슨 일인가?"

"나는 할 말이 없네. 자네 딸이 내 며느리로 부족함이 없는 아이지만 어쩔 수 없네. 데리고 가게."

이렇게 퇴계선생은 사돈과 절연하고 며느리를 보냈

습니다.

몇 년 뒤 퇴계선생은 한양으로 올라가다가 조용하고 평화로운 동네를 지나가게 되었고, 마침 날이 저물기 시작하였으므로 한 집을 택하여 하룻밤을 머물렀습니다. 그런데 저녁상을 받아 보니 반찬 하나하나가 퇴계선생이 좋아하는 것뿐이었습니다. 더욱이 간까지 선생의 입맛에 딱 맞아 아주 맛있게 먹었습니다.

'이 집주인도 나와 입맛이 비슷한가 보다.'

이튿날 아침상도 마찬가지였습니다. 반찬의 종류는 어제 저녁과 달랐지만 여전히 입맛에 딱 맞는 음식들만 올라온 것입니다.

'나의 식성을 잘 아는 사람이 없다면 어떻게 이토록 음식들이 입에 맞을까? 혹시 며느리가 이 집에 사는 것은 아닐까?'

그리고 퇴계선생이 아침 식사를 마치고 막 떠나려는데 집주인이 버선 두 켤레를 가지고 와서 '한양 가시는 길에 신으시라'며 주었습니다. 신어 보니 퇴계선생의 발에 꼭 맞았습니다.

'아! 며느리가 이 집에 와서 사는 것이 틀림없구나.'

퇴계선생은 확신을 하게 되었습니다.

'집안을 보나 주인의 마음씨를 보나 내 며느리가 고생은 하지 않겠구나. 평범하지만 행복하게 살겠구나.'

만나 보고 싶은 마음도 컸지만 짐작만 하며 대문을 나서는데, 한 여인이 구석에 숨어 퇴계선생을 지켜보고 있었습니다.

8

퇴계선생은 이렇게 며느리를 개가시켰습니다.

이 일을 놓고 오늘날까지 유가의 한편에서는 퇴계선생을 비난하고 있으며, 또 다른 한편에서는 칭송을 하고 있습니다.

"퇴계선생은 선비의 법도를 지키지 못한 사람이다. 윤리를 무시한 사람이다."

"선생이야말로 윤리와 도덕을 올바로 지킬 줄 아는 분이시다. 윤리를 깨뜨리면서까지 윤리를 지키셨다."

하나의 일을 두고 비난과 칭찬은 누구나 할 수 있습니다. 그러나 참으로 중요한 것은 비난도 칭찬도 아닙니다.

다른 사람을 살리면서 스스로의 진실을 체험하는 것! 헛된 굴레를 벗어 버리고, 다른 사람을 나와 다를 바 없이 생각하는 자비심을 품고 사는 것!

중요한 것은 이것입니다. 깊은 산중에서 홀로 정진하고 있을지라도 이와 같은 자비심을 잊고 살아서는 안 됩니다.

왜입니까? 자비심이 깊어질수록 나의 헛된 삶이 옅어지고, 나의 헛된 굴레를 완전히 벗어버리면 완전한 해탈을 이룰 수 있기 때문입니다.

모름지기 마음공부를 하는 분들, 특히 '부처가 되겠다'고 발원한 분들은 깊이깊이 명심하십시오.

- '나도 부처가 될 수 있다'는 확신 속에서 정성을 다해 정진할 것.
- 이理에도 사事에도 어긋남이 없도록 할 것.
- 언제나 자비심을 품고 굴레를 벗으며 살 것.

이렇게만 산다면 어떠한 난관도 쉽게 극복할 수 있고 해탈의 세계로 곧바로 나아갈 수 있습니다. 영원하고 행복하고 자유롭고 깨끗한 불국정토에서 살 수가 있게 됩니다.

❦

부디 명심하십시오. 좋으나 싫으나 공부는 이 몸뚱어리 있을 때 해야 합니다. 이 몸뚱어리 떨어지고 나면 하고 싶어도 할 수가 없습니다. 특히 인간의 몸은 소중합니다.

"시방의 부처님께서는 성불을 할 때 모두 인간의 몸
을 가지고 하였느니라."

석가모니 부처님의 이 말씀처럼, 부처를 이룸에 있어 그토록 소중한 것은 인간의 몸입니다.

이 세상의 모든 구속과 모든 얽힘과 고민·걱정·고통은 인간의 몸을 가졌을 때 가장 쉽게 벗어버릴 수 있습니다. 이것이 지옥·아귀·축생·아수라·천상계의 중생과 인간의 다른 점입니다.

지금 인간의 몸을 받았을 때 참되게 발심하고 정성껏

공부하여야 합니다. 다음 생으로 미룰 일이 아닙니다. 다음 생에 또다시 인간의 몸을 받는다는 것이 보장되어 있습니까?

모름지기 이 생에서 부지런히 지혜를 기르고 자비로써 복을 닦아야 합니다. 적어도 숨이 떨어질 때 금생의 맹세와 서원이 흔들리지 않을 정도의 수행은 해야 합니다. 적어도 불교신행의 주춧돌인 신심은 굳건히 놓을 수 있어야 합니다.

부디 인간의 몸을 받았을 때 허송세월하지 마십시오. 인간의 몸으로 있을 때 부지런히 공부하십시오. 이 목숨이 다한 후에는 원인과 결과의 무서운 칼날만이 번뜩일 뿐입니다. 내가 심은 대로 거둘 뿐입니다.

시간과 공간이 일치하는 자리에서 정성껏 또 정성껏 살아 해탈의 길, 성불의 길로 나아가기를 이 산승은 두 손 모아 축원하고 또 축원합니다.

나무마하반야바라밀.

나무마하반야바라밀.

나무마하반야바라밀.

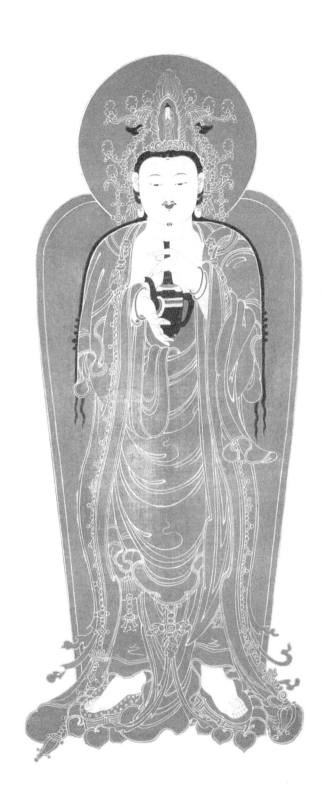

기도 및 영가천도의 지침서

광명진언 기도법 / 일타스님·김현준   신국판 176쪽 5,000원
광명진언 기도를 널리 펴고자 일타스님과 김현준 원장이 함께 저술한 책. 광명진언 속에 새겨진 참의미와 바른 기도법, 빠른 기도성취법 등을 자상하게 설하고, 유형별 기도성취 영험담을 다양하게 수록하였으며, 누구나 보기 쉽도록 큰활자로 발간하였습니다. 광명진언을 외우면 행복과 평화, 영가천도, 소원성취를 이룰 수 있습니다.

생활 속의 기도법 / 일타스님   신국판 160쪽 5,000원
불교계 최대의 베스트셀러! 일상생활에서 누구나 처할 수 있는 여러 가지 상황에 따른 구체적인 기도방법에서부터 특별기도성취법·영가천도기도법·기도할 때 지녀야 할 마음가짐까지, 자상한 문체로 예화를 섞어 쉽고 재미있게 엮었습니다.

기도 / 일타스님   신국판 240쪽 7,000원
총 6장 52편의 다양한 기도 영험담으로 엮어진 이 책을 읽다보면 기도를 통해 틀림없이 부처님의 가피를 입을 수 있음을 확신할 수 있게 되고, 올바른 기도법과 함께 기도성취의 지름길을 알 수 있게 됩니다.

기도성취 백팔문답 / 김현준   신국판 240쪽 7,000원
기도에 대한 정의·기도와 믿음·업장소멸의 방법·꾸준한 기도의 효험·원을 세우는 법·축원법·각종 기도가피와 기도성취의 시기·성취를 위한 하심법下心法 등 기도에 관한 궁금증들을 문답형식으로 자상하게 풀이하였습니다.

참회와 사랑의 기도법 / 김현준   신국판 192쪽 6,000원
총 84가지 문답을 통하여 참회의 정의에서부터 참회기도를 해야하는 까닭, 절을 통한 참회법·염불참회법·주력참회법·가족을 향한 참회, 기도 축원의 구체적인 내용 및 자비의 기도가 갖는 효과, '백중과 영가천도'등에 대해 아주 상세하게 설명하고 있습니다.

불교의 자녀사랑 기도법 / 김현준   신국판 160쪽 5,000원
자녀들을 정말 잘 사랑할 수 있는 방법을 부처님의 가르침에 의지하여 쓴 책입니다. 자녀 교육 방법, 자녀를 위한 기도법과 함께 부모님께 효도해야 하는 까닭도 수록하였습니다.

참회·참회기도법 / 김현준   신국판 160쪽 5,000원
참회의 참된 의미, 절·염불을 통한 참회법, 참회인의 마음가짐, 이참법 등을 영험담들과 함께 감동 깊게 엮은 책으로, 참회를 통해 행복하고 자유로운 삶을 사는 방법을 열어주고 있습니다.

신묘장구대다라니 기도법 / 우룡스님·김현준   신국판 208쪽 6,000원
신묘장구대다라니를 외우면 생겨나는 가피와 공덕, 기도의 방법과 주의할 점, 우룡스님이 들려주는 14편의 영험담, 대다라니의 근본경전인 『무애대비심다라니경』을 수록하고 있는 이 책을 읽고 자신있게 기도하면 심중 소원의 성취와 기적같은 체험도 할 수 있습니다.

기도 성취의 지름길 (2019년 신간) / 우룡스님   4×6판 160쪽 4,000원
가족을 위한 기도와 기도 성취의 원리에 초점을 맞춘 감동적인 기도법문입니다. 제1부 「가족 행복을 위한 기도」에서는 가족을 향한 참회와 절의 필요성, 3배 기도의 큰 영험에 대해 일러주고 있으며, 제2부 「빠른 기도 성취의 길」에서는 믿음과 정성이 뒤따라야 기도 성취를 잘할 수 있고, 기도의 고비를 잘 넘겨야 능히 행복과 대해탈의 문이 열린다는 것을 많은 이야기를 곁들여 설하고 있습니다.

기도 이야기 / 우룡스님   신국판 204쪽 6,000원
"스님, 기도로 소원을 성취할 수 있습니까?" 총 6장 45편의, 참으로 재미있는 기도성취 영험담이 수록된 이 책을 읽고 기도를 하면, 불보살님과 통하는 감응의 길이 열리면서 심중소원을 빨리 성취하게 됩니다. 또한 이야기 끝에 붙인 큰스님의 해설은 기도의 방법을 쉽게 터득할 수 있도록 이끌어줍니다.

영가천도 / 우룡스님   신국판 160쪽 5,000원
영가의 장애를 느끼십니까? 돌아가신 영가를 영가를 제대로 천도해 드리지 못했습니까? 영가천도의 필요성과 기본자세, 염불·독경·사경을 통한 영가천도, 49재, 낙태아 천도 등 영가천도에 관한 궁금증 및 천도의 방법을 우룡스님의 자세한 법문으로 풀어드립니다.

미타신앙·미타기도법 / 김현준   신국판 160쪽 5,000원
아미타불의 참 모습에서부터 극락에서 누리는 행복, 칭명염불·오회염불·관상염불·천도염불 등의 각종 염불수행법과 함께 임종하는 이를 위한 의식과 49재 기간의 행법 등을 자세히 밝히고 있습니다.

관음신앙·관음기도법 / 김현준   신국판 240쪽 7,000원
관세음보살의 구원 능력, 주요 경전 속의 관음관, 11면관음·천수관음·32응신·33관음 등 자비관음의 여러 가지 모습, 일심칭명 일념염불의 관음기도법, 독경사경 기도법, 다라니 염송 기도법 등을 자세하고도 알기 쉽게 풀이하였습니다.

지장신앙·지장기도법 / 김현준   신국판 192쪽 6,000원
지장신앙 속에는 영가천도뿐만이 아니라 현세에서의 행복과 깨달음, 성불의 비결까지 간직되어 있습니다. 이러한 지장신앙의 여러 측면과 함께 생활 속에서 할 수 있는 지장기도법을 자세히 밝혀놓았습니다.

법보시를 원하시는 분은 출판사로 연락 주십시오. 할인혜택을 드립니다.
전화 02-587-6612, 582-6612 팩스 02-586-9078

삶의 향기를 더해주는 일타큰스님 법문집

부드러운 말 한마디 미묘한 향이로다 / 일타스님   240쪽 7,000원
일타스님 대표 법문집. 삶의 이유, 복된 삶 이루는 방법, 보시와 지계, 도 닦는 법, 지혜성취법 등의 맑고 주옥같은 법문을 수록하여 읽는 이들에게 행복의 세계로 향하는 문을 열어주고 있습니다.

불자의 마음가짐과 수행법 / 일타스님   신국판 192쪽 6,000원
불자들이 큰 행복과 대자유를 얻기 위해서는 어떠한 마음가짐으로 살아야 하며, 참선·염불·간경·주력의 불교 4대 수행법을 어떻게 닦아야 하는가를 갖가지 비유를 들어 자상하게 설하고 있습니다.

불자의 기본 예절 / 일타스님   신국판 160쪽 5,000원
불교 예절의 근본이 되는 마음가짐과 말씨, 걸음걸이와 앉음새, 합장법, 절하는 법, 법당에서의 예절, 법문 듣는 법, 목욕·입측법 등 절집안의 생활 예절을 보다 쉽게 접할 수 있도록 많은 이야기를 곁들여 재미있게 엮었습니다.

오계이야기 / 일타스님   신국판 160쪽 5,000원
살생·투도·사음·망어의 근본 4계에 불음주계를 합한 5계에 대한 법문집. 재미있는 일화를 들어 각 계율의 연원과 지키는 방법, 계율을 범했을 때의 과보 등을 자세히 설했습니다. 복된 불자의 길로 나아가게 하는 불자의 필독서입니다.

윤회와 인과응보 이야기 / 일타스님   신국판 240쪽 7,000원
"죽음 뒤의 세상, 인간은 과연 윤회하는 존재인가?" 내가 지은 업은 어떻게 전개될 것인가? 이러한 의문의 해답을 일러주고자 총 49가지 이야기로 엮은 이 책을 읽다 보면 윤회와 인과응보에 대한 해답을 명확하게 얻을 수 있게 됩니다.

자경문 (자기를 돌아보는 마음) / 일타스님   신국판 280쪽 8,000원
인간이 윤회하는 까닭, 참된 니를 찾는 묘법, 해탈을 이루는 비결 등과 함께 공부할 때의 마음가짐과 하심법, 자비평등심, 깨침의 원리 등을 상세히 밝혀 놓았습니다.

발심수행장 (영원으로 향하는 마음) / 일타스님   240쪽 7,000원
지금 여기에서 영원과 행복의 문을 여는 비결, 나와 남을 함께 살리는 길, 깊은 신심을 이루고 참된 발심을 하는 방법을 스스로 터득할 수 있습니다.

초심 (시작하는 마음) / 일타스님   신국판 344쪽 10,000원
800년 동안 우리나라에서 불교를 믿는 초심자는 누구나 가장 먼저 읽었던 계초심학인문을 풀이한 이 책을 읽게 되면 진리를 향한 첫걸음을 쉽게 옮길 수 있습니다.

선수행의 길잡이 / 일타스님·김현준   신국판 224쪽 7,000원
'참선이란', '좌선법', '참선을 잘 하는 법', '참선 장애의 극복' 등 참선하는 이들이 꼭 알고 닦아야 할 사항들을 이해하기 쉽게 설한 책.

불자라면 꼭 알아야 할 불교교리 책

인연법 / 김현준   국판 224쪽 7,000원

가장 많이 쓰는 단어인 인연! 이 인연을 삶·괴로움·진리·마음씨·희망·행복·기도 성취 등과 연결시키면서 쓴 이 책을 읽다 보면 윤택한 삶을 이루는 방법을 쉽게 찾을 수 있습니다. (12연기법도 쉽게 풀이함)

사성제와 팔정도 / 김현준   국판 240쪽 7,000원

부처님께서 중생들로 하여금 가장 빨리 깨달음과 행복의 길로 나아가도록 하기 위해 창안하신 사성제와 팔정도. 이 불교의 핵심교리에 대해 많은 이야기를 섞어 알기 쉽고 분명하게 풀이하였습니다.

삼법인·중도 / 김현준   국판 160쪽 5,000원

우리의 삶이 제행무상이요 제법무아임을 확실히 체득하게 되면 능히 열반적정을 이루게 된다는 것을 밝힌 삼법인과, 중도란 무엇이며 중도 속의 수행과 삶 등에 대해 명확하게 해설하고 있습니다.

육바라밀 / 김현준   국판 192쪽 6,000원

깊은 깨달음과 복되고 청정한 삶의 길로 나아가게 하는 보시·지계·인욕·정진·선정·반야의 육바라밀에 대해, 그 원리에서부터 구체적인 실천방법까지를 많은 이야기와 함께 재미있게 서술하였습니다.

자비 실천의 길 사섭법 / 김현준   국판 192쪽 6,000원

참된 평화와 행복을 안겨주는 자비행인 보시·애어·이행·동사섭의 사섭법이 필요한 까닭에서부터, 어떻게 하여야 사섭법을 잘 실천하고 응용하고 성취할 수 있는지를 자세히 풀이하고 있습니다.

- -

참 생명을 찾는 경봉스님 가르침 / 김현준   신국판 192쪽 6,000원

경봉스님의 참 생명을 찾는 공부 방법과 도와 인생의 실체, 이 사바세계를 무대로 삼아 멋있게 사는 법 등을 다양한 이야기와 함께 엮은 책입니다..

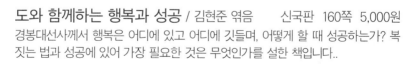

도와 함께하는 행복과 성공 / 김현준 엮음   신국판 160쪽 5,000원

경봉대선사께서 행복은 어디에 있고 어디에 깃들며, 어떻게 할 때 성공하는가? 복 짓는 법과 성공에 있어 가장 필요한 것은 무엇인가를 설한 책입니다..

리틀 붓다, 행복을 찾아서 / 클라우스 미코슈 지음·김연수 옮김

재치와 감동과 따뜻함이 있는 이야기. 지혜로운 삶에 관한 이야기. 꿈과 성취와 행복이 담긴 이야기. 소중한 삶의 주제들로 가득 채워진 이 책을 읽다 보면 진정한 행복이 무엇인지를 깨닫게 되고, 우리의 불성이 깨어나고 있음을 느낄 수 있게 됩니다.   컬러양장본 184쪽 12,000원

알기 쉬운 경전 해설서

예불문, 그 속에 깃든 의미 (신간) / 김현준 지음   256쪽 7,000원
많은 불자들이 궁금해 하였던 오분향의 의미와 지심귀명례하는 방법, 불법승 삼보의 내용과 문수·보현·관음·지장보살, 십대제자·16나한·5백나한·천이백아라한·역대조사, 그리고 사부대중의 화합 등을 이 책 속에 모두 담았습니다.

생활 속의 금강경 / 우룡스님   신국판 304쪽 8,000원
금강경의 심오한 내용을 알기 쉽게 풀이하고 일상생활과 접목시켜 강설함으로써 삶의 현장에서 금강경의 가르침을 능히 응용할 수 있도록 하였고, 감동을 주는 일화들을 많이 삽입하여 재미를 더해주고 있습니다.

생활 속의 관음경 / 우룡스님   신국판 240쪽 7,000원
관세음보살보문품인 관음경을 통하여 관세음보살의 본질, 일심칭명과 재난 소멸법, 공경예배와 소원 성취법, 관세음보살을 관하는 법 등에 대해 여러 가지 영험담과 함께 감동적으로 풀이하고 있습니다.

생활 속의 천수경 / 김현준   신국판 280쪽 8,000원
천수관음이 출현하신 까닭, 천수관음을 청하는 법과 가피를 얻는 법, 신묘장구대다라니의 풀이와 공덕, 찬탄의 공덕과 참회성취의 비결, 준제기도 및 주요 진언 속에 깃든 의미, 여래십대발원문 사홍서원 삼귀의 의미 등을 상세히 풀이하였습니다.

생활 속의 반야심경 / 김현준   신국판 272쪽 8,000원
반야심경의 구절구절들을 우리의 생활과 결부시켜 참으로 쉽고 명쾌하게 해석하였습니다. 공空의 의미, 모든 괴로움의 원인과 해탈법, 색즉시공 공즉시색의 참 뜻, 걸림 없고 진실불허한 삶을 이루는 방법 등을 감동적으로 풀이하였습니다.

생활 속의 보왕삼매론 (전면개정판) / 김현준 신국판 240쪽 7,000원
『보왕삼매론』을 해설한 이 책은 병고 해탈, 고난 퇴치, 마음공부와 마장 극복, 일의 성취, 참사랑의 원리, 인연 다스리기, 공덕 쌓는 법, 이익과 부귀, 억울함의 승화 등 누구나 인생살이에서 겪게 되는 장애들을 속 시원하게 뚫어주고 있습니다.

보왕삼매론 사경 (1책으로 50번 사경)   4×6배판 120쪽 4,000원
보왕삼매론을 사경하면 재앙이 소멸됨은 물론이요 생활 속의 걸림돌이 디딤돌로 바뀌고 고난이 사라져 하루하루가 편안해집니다.

보현행원품 한글사경 (1책으로 3번 사경)   120쪽 4,000원
행원품을 사경하면 자리이타의 삶과 업장 참회, 신통·지혜·복덕·자비 등을 빨리 이룰 수 있고 세세생생 불법과 함께 하며 보살도를 성취할 수 있습니다.

약사경 한글사경 (1책으로 3번 사경)   112쪽 4,000원
약사경을 사경하면 약사여래의 가피가 저절로 찾아들어, 병환의 쾌차, 집안 평안, 업장소멸을 비롯한 갖가지 소원을 쉽게 성취할 수 있습니다.

영험 크고 성취 빠른 각종 사경집 (책 크기 4×6배판)

광명진언 사경 (가로쓰기:1080번 사경)　　　　128쪽 4,000원
광명진언 사경 (세로쓰기:1080번 사경)　　　　128쪽 4,000원
눈으로 보고 입으로 외우고 손으로 쓰고 마음으로 새기는 광명진언 사경은 크나
큰 성취를 안겨줍니다.

금강경 한글사경 (1책으로 3번 사경)　　　　　144쪽 5,000원
금강경 한문사경 (1책으로 3번 사경)　　　　　144쪽 5,000원
금강경 한문한글사경 (1책으로 1번 사경)　　　100쪽 3,500원
요긴하고 으뜸된 경전인 금강경을 사경해 보십시오. 업장소멸과 함께 크나큰 깨
달음과 좋은 일들이 저절로 다가옵니다.

아미타경 한글사경 (1책으로 7번 사경)　　　　116쪽 4,000원
살아 생전 또는 부모나 가까운 분이 돌아가셨을 때 이 경을 쓰면 극락왕생이
참으로 가까워집니다.

반야심경 한글사경 (1책으로 50번 사경)　　　116쪽 4,000원
반야심경 한문사경 (1책으로 50번 사경)　　　116쪽 4,000원
반야심경을 사경하면 호법신장이 '나'를 지켜주고, 공의 도리를 깨달아 평화롭
고 안정된 삶이 함께 합니다.

신묘장구대다라니 사경 (50번 사경)　　　　　116쪽 4,000원
대다라니를 사경하면 관세음보살님과 호법신장들이 '나'와 주위를 지켜주고 소
원성취와 동시에, 행복하고 자비심 가득한 마음을 가질 수 있도록 해줍니다.

천수경 한글사경 (1책으로 7번 사경)　　　　　112쪽 4,000원
천수경을 사경하고 독송하면 천수관음의 가피가 저절로 찾아들어, 업장 및 고
난의 소멸과 갖가지 소원을 쉽게 성취할 수 있습니다.

관음경 한글사경 (1책으로 5번 사경)　　　　　112쪽 4,000원
관음경을 사경하면 늘 행복이 함께 하며, 학업성취·건강쾌유·자녀의 성공·경제
문제 등에도 영험이 매우 큽니다.

지장경 한글사경 (1책으로 1번 사경)　　　　　144쪽 5,000원
지장경을 사경하고 독송하면 영가천도는 물론이요, 각종 장애가 저절로 사라지
고 심중의 소원이 성취됩니다.

관세음보살 명호사경 (1책으로 1만8백번 사경)
지장보살 명호사경 (1책으로 1만번 사경)　　각 권 208쪽 7,000원
'관세음보살'이나 '지장보살'의 명호를 쓰면서 입으로 외우고 마음
에 새기면, 관세음보살님과 지장보살님의 가피를 입어 몸과 마음이
큰 변화를 이루고, 마음속의 원을 능히 성취할 수 있습니다.

많이 찾는 기도 독송용 경전

✿

한글 『법화경』과 『법화경 한글사경』

불교 최고 경전인 법화경! 이 경을 독송하고 사경해 보십시오.
소원성취는 물론 깨달음과 경제적인 풍요까지 안겨줍니다.

법화경 (독송용) 김현준 역 　　4x6배판 총20,000원
전3책 제1·2책 176쪽 6,500원 제3책 192쪽 7,000원
법화경 한글사경 김현준 역 　4x6배판 총 20,000원
전5책 각권 120쪽 내외 권당 4,000원

자비도량참법 / 김현준 역 　　　　　　　　　양장본 528쪽 18,000원

불교 최고의 참회법인 자비도량참법!
참되이 참회하시기를 원하십니까? 자비도량참법 기도를 하면 나의 허물과 죄업의
참회에서 시작하여 부모 스승 친척 등 육도 속을 윤회하는 온 법계 중생의 업장
과 무명까지 모두 소멸시켜줍니다. 이 참법을 행하다 보면 저절로 참회의 마음이
깊어지고 자비가 충만해지고 환희심이 넘쳐나게 됩니다.

| **큰활자본 지장경** | 김현준 편역 4×6배판 208쪽 7,000원 |
| **지장보살본원경** | 김현준 편역 신국판 208쪽 6,000원 |

이 책은 지장기도를 하는 분들을 위해
① 지장경을 처음부터 끝까지 1번 독송, ② '나무지장보살'을 천번염송,
③ 지장보살예찬문을 외우며 158배, ④ '지장보살'천번 염송의
4부로 나누어 특별히 만들었습니다.
지장경 독경 및 지장보살예참과 염불을 할 때, 각 장 앞에 제시된 기도법에 따라
기도를 하게 되면, 지장보살의 가피 속에서 틀림없이 영가천도·업장소멸·소원
성취·향상된 삶을 이룩할 수 있게 됩니다.
이 두 책의 내용은 같으며, 활자 및 책크기만 다릅니다.

··

육조단경 / 김현준 역 　　　　　　　　　신국판 240쪽 7,000원
육조 혜능대사께서 설한 선종의 근본 경전으로 인간의 참된 본성을 보게 하여 마
음을 치유하고 깊은 깨달음을 열어주는 불자의 필독서입니다.

선가구감 / 서산대사 저·용담스님 역주 　　　신국판 240쪽 7,000원
선수행 뿐 아니라 참회·염불·육바라밀 등 불교의 요긴한 가르침을 일목요연하게
정리하여 불자들의 신심과 정진에 큰 도움을 주는 소중한 책입니다.

● 아름다운 우리말 경전 시리즈 ●

〈가지고 다니면서 틈틈이 읽게 되면 독송과 기도에 큰 도움이 됩니다〉

유교경 (신간) / 일타스님·김현준 역 　　　　　　　국반판 100쪽 2,000원
부처님의 간절한 마지막 가르침을 담은 매우 소중한 경전.

금강경 / 우룡스님 역 　　　　　　　　　　　　국반판 100쪽 2,000원
'금강경을 우리말로 보급하겠다'는 원력에 의해 제작된 책.

관음경 / 우룡스님 역 　　　　　　　　　　　　국반판 100쪽 2,000원
관음경의 번역과 함께 관음기도와 염불법에 대해 자세히 설한 책.

보현행원품 / 김현준 편역 　　　　　　　　　　국반판 100쪽 2,000원
보현보살의 십대원을 설하여 참된 보살의 길로 이끌어주는 책.

약사경 / 김현준 편역 　　　　　　　　　　　　국반판 100쪽 2,000원
한글 번역과 함께 약사기도법과 약사염불법에 대해 자세히 설한 있는 책.

지장경 / 김현준 편역 　　　　　　　　　　　　국반판 196쪽 3,500원
편안한 번역으로 쉽게 이해할 수 있도록 하였으며, 기도법도 자세히 수록한 책.

부모은중경 / 김현준 역 　　　　　　　　　　　국반판 100쪽 2,000원
부모님의 은혜를 느끼며 기도를 할 수 있게 엮은 책.

초발심자경문 / 일타스님 역 　　　　　　　　　국반판 100쪽 2,000원
신심을 굳건히 하고 수행에 대한 마음을 불러일으키게끔 하는 책.

법요집 / 불교신행연구원 편 　　　　　　　　　국반판 100쪽 2,000원
법회와 수행 시에 필요한 각종 의식문, 좋은 몇 편의 글들을 수록한 책.

선가귀감 / 서산대사 저·용담스님 역 　　　　　국반판 160쪽 3,000원
선수행 뿐 아니라 참회 염불 육바라밀 등 불교의 요긴한 가르침을 담은 책.

한글 원각경 (신간) / 김현준 편역 　　　　　4×6배판 192쪽 7,000원
한국불교의 근본 경전인 원각경을 수십 차례 번역·수정·윤문하여 쉽게 이해할
수 있도록 하였습니다. 한글과 원문을 바로 옆에 두어 대조하며 읽을 수 있습니다.

한글 보현행원품 (신간) / 김현준 편역 　　　4×6배판 112쪽 4,000원
행원품과 예불대참회문을 함께 실어 독경 후 행원품에 근거한 정통 108배를 행할
수 있도록 만들었으며, 독송 방법과 대참회의 의미 등도 상세히 설명하였습니다.

한글 금강경 / 우룡스님 역 　　　　　　　　4×6배판 112쪽 4,000원
책 크기만큼 글씨도 크게 하고 한자 원문도 수록하였으며, 독송에 관한 법문도 첨
부하였습니다. 사찰 및 가정에서의 독송용으로 매우 좋습니다.

한글 약사경 / 김현준 편역 　　　　　　　　4×6배판 100쪽 3,500원
아주 큰 활자로 약사경 한글 번역본을 만들었습니다. 약사경 독경 방법 및 약사염
불법도 함께 실어 기도에 도움이 되도록 하였습니다.

한글 관음경 / 우룡스님 역 　　　　　　　　4×6배판 96쪽 3,500원
커다란 글씨의 관음경 해설과 함께 관음경의 원문과 독송법, 관음 염불 방법 등을
수록하여 관음경의 가르침을 쉽게 이해하도록 하였습니다.

불교신행의 주춧돌

초　판　1쇄 펴낸날　1998년　7월 11일 (초판 35쇄 발행)
개정판　1쇄 펴낸날　2019년 11월 15일 (내용 전면 개정)
　　　　2쇄 펴낸날　2020년　3월 17일

지은이　우룡스님
엮은이　김현준
펴낸이　김연지
펴낸곳　효림출판사

등록일　1992년 1월 13일 (제2-1305호)
주　소　서울시 서초구 반포대로14길 30, 907호 (서초동, 센츄리I)
전　화　02-582-6612, 587-6612
팩　스　02-586-9078
이메일　hyorim@nate.com

값 7,000원

ⓒ효림출판사 2019
ISBN　979-11-87508-39-7　03220